19,90 €

Deutsche Landkreise im Portrait

Wirtschaft und Soziales

Freizeit und Kultur

Landschaft und Natur

Rhein-Sieg-Kreis

Herausgegeben in Zusammenarbeit mit der Kreisverwaltung

Zweite, völlig neue Ausgabe 2005

Kommunikation & Wirtschaft GmbH • Oldenburg (Oldb)

Das Buch erscheint in der Edition «Städte – Kreise – Regionen»

Herausgegeben in Zusammenarbeit mit der Kreisverwaltung, Redaktion: Michaela Blatzheim, Kreistagsbüro/ Öffentlichkeitsarbeit

Printed in Germany 2005

 Dem Buch liegen neben den illustrierten Autorentexten Bilder und PR-Texte der Firmen, Verwaltungen und Verbände zugrunde, die mit ihrer finanziellen Beteiligung das Erscheinen des Bandes ermöglicht haben. Sie sind im Anhang aufgeführt. Für die Richtigkeit der auf diesen Seiten gemachten Angaben übernehmen Verlag und Redaktion keine Haftung.

Bibliographische Information der Deutschen Bibliothek
Die Deutsche Bibliothek verzeichnet diese Publikation in der Deutschen Nationalbibliographie; detaillierte bibliographische Daten sind im Internet über http://dnb.ddb.de abrufbar.

ISBN 3-88363-252-X

Elektronische Bildbearbeitung: Hoppe & Ruthe EBV GmbH, Herford

Druck: B.o.s.s Druck und Medien GmbH, Kleve

Bildnachweis: Seite 164

Vorwort

■ Vorwort — 6
Landrat Frithjof Kühn

Geschichte und Kultur

■ Städte und Gemeinden im Profil — 8
bearbeitet von Michaela Blatzheim, Kreistagsbüro/Öffentlichkeitsarbeit, Rhein-Sieg-Kreis

■ Museen im Rhein-Sieg-Kreis – spannend und abwechslungsreich — 32
Katja Eschmann, Schul- und Kulturamt, Rhein-Sieg-Kreis

■ Gelebte Kultur – Kunst und Konzerte — 36
Rainer Land, Schul- und Kulturamt, Rhein-Sieg-Kreis

■ Burgen, Schlösser, Fachwerkbauten – sehenswerte Baudenkmäler — 38
Professor Dr. Helmut Fischer, Beauftragter der Stadt Hennef für die Denkmalpflege, Hennef

Wirtschaftsstruktur

■ Rhein-Sieg-Kreis – Wirtschaftsstandort im Herzen Europas — 45
Dr. Hermann Tengler, Referat Wirtschaftsförderung, Rhein-Sieg-Kreis

■ Aktive Wirtschaftsförderung für Existenzgründer und Neuansiedler — 60
Hans-Peter Hohn, Referat Wirtschaftsförderung, Rhein-Sieg-Kreis

Wirtschaftsstruktur

- Bemerkenswerte Branchenvielfalt – Erfolgsfaktor Mittelstand 62
  Dr. Ernst Franceschini, Präsident der IHK Bonn/Rhein-Sieg,
  Michael Swoboda, Hauptgeschäftsführer der IHK Bonn/Rhein-Sieg

- Zukunftsorientierte Dienstleistungen – Motor der Wirtschaft 74
  Dr. Ernst Franceschini, Präsident der IHK Bonn/Rhein-Sieg,
  Michael Swoboda, Hauptgeschäftsführer der IHK Bonn/Rhein-Sieg

- In der Region für die Region – leistungsstarkes öffentlich-rechtliches Kreditwesen 88
  Hans-Peter Krämer, Vorstandsvorsitzender der Kreissparkasse Köln

- Verkehr und Logistik – Drehscheibe Rhein-Sieg-Kreis 94
  Dr. André Berbuir, Planung, Verkehr, Statistik, Rhein-Sieg-Kreis,
  Dipl.-Ing. Christoph Groneck, Planung, Verkehr, Statistik, Rhein-Sieg-Kreis

- Handwerk – mit Tradition in die Zukunft 106
  Dipl.-Kfm. Alois Blum, Hauptgeschäftsführer der Kreishandwerkerschaft Bonn-Rhein-Sieg

- Von Bauern und Bürgern im Rhein-Sieg-Kreis 109
  Christoph Könen, Kreisverbandsdirektor, Kreisbauernschaft Siegburg

Bildung, Wissenschaft und Soziales

- Qualifizierung und Weiterbildung im Rhein-Sieg-Kreis – Berufskollegs und Berufsfachschulen 114
  Alexandra Wellner, Schul- und Kulturamt, Rhein-Sieg-Kreis

- LerNet Bonn/Rhein-Sieg – Vielfältigkeit und Qualitätssicherung der regionalen Weiterbildungsinfrastruktur 116
  Dipl.-Kfm. Jürgen Hindenberg, Vorsitzender des LerNet Bonn/Rhein-Sieg e. V., Bonn

- Die neuen Fachhochschulen im Rhein-Sieg-Kreis und der Region 118
  Rolf Beyer, Referat Wirtschaftsförderung, Rhein-Sieg-Kreis

- Zusammenarbeit zwischen Wirtschaft und Wissenschaft forciert 122
  Rolf Beyer, Referat Wirtschaftsförderung, Rhein-Sieg-Kreis

- Für Kinder, Jugendliche und Familien im Rhein-Sieg-Kreis 126
  Hermann Allroggen, Dezernent Jugend, Soziales, Gesundheit, Rhein-Sieg-Kreis,
  Ulla Schrödl, Leiterin Jugendamt, Rhein-Sieg-Kreis

- Menschen im Rhein-Sieg-Kreis –
  Älterwerden in einer lebenswerten Region 132
  Hermann Allroggen, Dezernent Jugend, Soziales, Gesundheit, Rhein-Sieg-Kreis

- Das Gesundheitsamt – ein multiprofessioneller Partner! 141
  Gisela Giebelmeyer, Gesundheitsamt, Rhein-Sieg-Kreis

Freizeit und Erholung

- Entdeckungsreise durch das Siegtal 148
  Birgit Cremers, Tourismus & Congress GmbH, Bonn

- Das romantische Rheintal und das sagenumwobene Siebengebirge 151
  Birgit Cremers, Tourismus & Congress GmbH, Bonn

- Feste feiern im Rhein-Sieg-Kreis 156
  Michaela Blatzheim, Kreistagsbüro/Öffentlichkeitsarbeit, Rhein-Sieg-Kreis

- Aktive Erholung für Jung und Alt – vielfältige Sportangebote 160
  Irma Gillert, Schul- und Kulturamt, Rhein-Sieg-Kreis

Anhang

- Verzeichnis der PR-Bildbeiträge 164

- Bildquellen 168

Vorwort

Liebe Leserin,
lieber Leser!

Ich freue mich, Ihnen in der Serie „Deutsche Landkreise im Portrait" den Rhein-Sieg-Kreis vorstellen zu können.

Dieses Buch wird sowohl den Leserinnen und Lesern, die im Rhein-Sieg-Kreis leben und arbeiten, als auch denen, die ihn bisher nicht kennen, interessante und vielfältige Informationen geben. Denn die Autorinnen und Autoren haben – jeweils aus ihrer fachlichen, aber auch persönlichen Sicht – ein buntes Bild von unserem Rhein-Sieg-Kreis gezeichnet; einem Kreis, der aufgrund seiner Einwohnerzahl, seiner wirtschaftlichen Entwicklung und seiner vielfältigen Landschaftsstruktur zu den bedeutendsten und reizvollsten Kreisen Deutschlands zählt.

Seine heutige Gestalt und seinen Namen erhielt der Rhein-Sieg-Kreis 1969, als dem alten Siegkreis Teile des aufgelösten Landkreises Bonn hinzugefügt wurden. In den Folgejahren hat der Rhein-Sieg-Kreis mit seinen 19 Städten und Gemeinden eine Entwicklung genommen, die man als nahezu einzigartig in der Bundesrepublik bezeichnen kann. Mit rund 600 000 Einwohnern ist er heute der zweitgrößte Kreis im Land Nordrhein-Westfalen und der drittgrößte Kreis in ganz Deutschland.

Die außerordentliche Entwicklungsdynamik ist nicht allein auf die Ausstrahlung der beiden in seiner unmittelbaren Nachbarschaft liegenden Oberzentren Köln und Bonn zurückzuführen. Der Kreis hat Struktur- und Standortqualitäten, die als eigene Stärken und Potenziale ebenso Grundlage dieser Entwicklung sind. Die bevorzugte geographische Lage im Kerngebiet Europas mit einer exzellenten Verkehrsanbindung sind Garanten für eine europäische und internationale Ausrichtung der Standortentwicklung. Hierzu zählen die Anbindungen an das europäische Autobahnnetz, an die nahe gelegenen Flughäfen Köln/Bonn – Konrad-Adenauer und Düsseldorf und an das Hochgeschwindigkeitsschienennetz der Deutschen Bahn AG mit einem ICE-Bahnhof in der Kreisstadt Siegburg, von dem nun auch der Flughafen Frankfurt/Main in lediglich etwas mehr als einer halben Stunde bequem zu erreichen ist. Hinzu kommen ein reichhaltiges Angebot an Hochschulen, Forschungs- und Bildungseinrichtungen, ein breit gefächertes Dienstleistungsspektrum und eine günstige sektorale Zusammensetzung der Wirtschaft.

Der Beschluss des Deutschen Bundestages vom 20. Juni 1991, den Parlamentssitz und Teile der Regierung von Bonn nach Berlin zu verlagern, hatte zunächst hinter die weitere Entwicklung ein großes Fragezeichen gesetzt, denn der Kreis ist mit der Bundesstadt Bonn und ihrer ehemaligen Hauptstadtfunktion eng verflochten. Entgegen allen Erwartungen entwickelte sich die Region in den vergangenen Jahren sehr gut zu einem Wissenschafts- und Kulturstandort, zu einem Standort für Entwicklungspolitik, für nationale und supranationale Einrichtungen und zu einer Region mit zukunftsorientierter Wirtschaftsstruktur. Diese außerordentliche Entwicklung – in deren Folge der Rhein-Sieg-Kreis um fast 90 000 Einwohner

Das Kreishaus in Siegburg

wuchs – belegt, dass die gesamte Region und damit auch der Rhein-Sieg-Kreis die Auswirkungen des Beschlusses des Deutschen Bundestages gut auffangen und mit der Unterstützung des Bundes, vor allem aber aufgrund des Fleißes und des Unternehmermutes seiner Einwohner, den notwendigen Strukturwandel erfolgreich einleiten konnte.

Aber nicht nur Politik, Wissenschaft und Wirtschaft prägen den Rhein-Sieg-Kreis – er ist auch ein Kreis, in dem es sich gut leben und wohnen lässt.

Zwischen dem Rand der Voreifel im Westen und den bewaldeten Höhenzügen des Bergischen Landes im Osten präsentiert sich eine abwechslungsreiche und interessante Kulturlandschaft mit einer Vielzahl von Sehenswürdigkeiten. Nicht nur das Siebengebirge – seit dem 19. Jahrhundert Inbegriff der Rheinromantik – ist einen Besuch wert. Die kulturellen und touristischen Angebote des Rhein-Sieg-Kreises halten für jeden interessierten Gast etwas bereit, von Burgen und Schlössern, historischen Ortskernen bis hin zu einzigartigen Museen, wie dem Wohnhaus Konrad Adenauers in Rhöndorf und dem Bilderbuchmuseum Burg Wissem in Troisdorf, reichhaltigen Sportangeboten und einer Vielzahl von regionalen Besonderheiten.

Abschließend möchte ich allen herzlich danken, die als Autoren, Inserenten oder in anderer Form ihren Beitrag zum Erscheinen dieses Buches geleistet haben. Nun aber viel Spaß bei Ihrer Entdeckungstour durch den Rhein-Sieg-Kreis! ■

Frithjof Kühn
Landrat des Rhein-Sieg-Kreises

Städte und Gemeinden im Profil

bearbeitet von Michaela Blatzheim

Alfter, im Herzen des Vorgebirges gelegen, ist eine junge Gemeinde mit großer Tradition. Verwurzelt in dieser Tradition hat sich jeder der fünf Ortsteile seinen eigenen Charakter bewahrt und vermittelt damit ein unverwechselbares Stück Lebensqualität.

Rund die Hälfte des Gemeindegebietes ist landwirtschaftliche Nutzfläche. Obst- und Gemüseanbau prägen das Bild. So ist zum Beispiel Alfterer Spargel weit über die Grenzen der Region hinaus bekannt.

Kirche St. Matthäus in Alfter

Ebenfalls über regionale Grenzen hinaus bekannt ist der Tonabbau in den Ortsteilen Witterschlick und Volmershoven und die daraus resultierende keramische Industrie.

Das kulturelle Leben der Gemeinde wird u. a. geprägt durch die Alanus-Hochschule für Kunst und Gesellschaft, die seit einigen Jahren auch als Kunsthochschule staatlich anerkannt ist.

Dank der hervorragenden Verkehrsinfrastruktur mit der Nähe zu den Ballungsräumen Bonn und Köln einerseits und zum Naturpark Kottenforst andererseits, hat sich die Gemeinde im Lauf der Jahre zu einem bevorzugten Wohn- und Gewerbestandort entwickelt.

Im Süden des Rhein-Sieg-Kreises liegt am Fuße des Siebengebirges, dem ältesten deutschen Naturschutzgebiet, die Tagungs- und Kongressstadt **Bad Honnef,** die das Prädikat Erholungsort mit Kurmittelbereich trägt. Kompetent geführte Tagungs- und Wellnesseinrichtungen sowie entsprechende Hotels spiegeln die Tagungs-, Kongress- und Gesundheitsstadt wider. Der Stadt vorgelagert, befindet sich im Rhein die Insel Grafenwerth. Ihre gepflegten parkähnlichen Grünflächen mit altem Baumbestand, das neu gestaltete Freibad, Tennissportanlagen, Schiffsanlegestellen und die leistungsfähige Gastronomie unterstreichen den Beliebtheitsgrad der Insel und verleihen ihr einen hohen Erholungs- und Freizeitwert.

Nicht nur Rheinromantik, Erholungsanlagen, leistungsfähiger Einzelhandel, Gastronomie und Naturschönheit prägen Bad Honnef. Namhafte Unternehmen der Schuhfabrikation und der elektrotechnischen Industrie sowie zahlreiche Wissenschafts- und Bildungseinrichtungen – darunter die Internationale Fachhochschule für Touristik – garantieren eine breite, solide Basis in Handel, Handwerk und Gewerbe. Sehr gute Straßen- und sonstige Verkehrsverbindungen führen auf kurzen Wegen zu den

Fortsetzung Seite 11

Das Gewerbegebiet Witterschlick-Nord bietet hervorragende Standortbedingungen für ansiedlungswillige Betriebe.

Wir über uns: Gemeinde Alfter

Die Gemeinde Alfter liegt am Rand des Naturparks Kottenforst und der Ville verkehrsgünstig zwischen Bonn und Köln. Ihre höchste Erhebung ist der Bergeortsweg in der Ortschaft Witterschlick mit 173 Metern. Der Ort Alfter, der der Gemeinde den Namen gab, wird 1067 erstmals urkundlich erwähnt, gleichwohl weisen prähistorische Funde aus weit früherer Zeit auf die Bedeutsamkeit dieses Kulturraumes hin.

Heute stellt sich Alfter als ein florierendes Gemeinwesen dar, das durch die Verbindung von intakten dörflichen Strukturen und moderner Lebensqualität zu einem beliebten Wohnort geworden ist. Insbesondere die Alanus-Hochschule ist durch ihre Funktion und überregionale Bedeutung von unschätzbarem Wert für das kulturelle Leben in Alfter.

Ein zentrales Anliegen bei der Weiterentwicklung der Gemeinde ist die kommunale Wirtschaftsförderung. Aus diesem Grund wurde bereits 1993 die Wirtschaftsförderungs- und Entwicklungs-GmbH Alfter gegründet, deren Aufgaben in der Betreuung ansässiger und ansiedlungswilliger Unternehmen in allen Standortfragen, der Entwicklung neuer Gewerbeflächen sowie der allgemeinen Hilfestellung bei Förderungsmöglichkeiten und Kontaktvermittlung liegen.

Moderne Kunst und historische Architektur wie hier im Innenhof von Schloss Alfter gehen überall in der Gemeinde eine harmonische Verbindung ein.

Auf einen Blick

Einwohner: ca. 23 000

Fläche: 3473 Hektar

Ortschaften:
- Alfter
- Gielsdorf
- Impekoven
- Oedekoven
- Witterschlick

Alanus Hochschule
Staatlich anerkannte Hochschule für Kunst und Gesellschaft

Gemeinde Alfter

Wir über uns: Gymnasium Schloss Hagerhof

Schulträger des 1960 gegründeten Gymnasiums Schloss Hagerhof ist seit 1994 eine Gesellschaft von Eltern und Lehrern, was den familiären Charakter der Schule verdeutlicht. Die überschaubare Größe bietet ideale Voraussetzungen für eine individuelle Pädagogik.

Die pädagogische Arbeit basiert seit dem Schuljahr 1996/97 auf den Grundsätzen von Maria Montessori. Schulleiterin Dr. Gudula Meisterjahn-Knebel ist Präsidentin von Montessori Europa und seit vielen Jahren Ausbilderin für künftige Montessori-Pädagogen.

Das Basketball-Internat ist vom Deutschen Basketball Bund als Bundesleistungsstützpunkt anerkannt und ist Mitglied des Schulprojektes „Talentsichtung und Talentförderung" des Kultusministeriums Nordrhein-Westfalen. Zwei deutsche Schulmeisterschaften, fünf NRW-Landestitel und die Teilnahmen an den Schulweltmeisterschaften 2001 in der Türkei und 2003 in Brasilien zählen zu den herausragenden Erfolgen.

Das ganzheitliche Bildungsangebot am Gymnasium wird durch die eigene Musik- und Musicalschule vervollständigt. Tanz, Gesang und Schauspiel sind die Ausbildungsfächer der Musicalschule. Instrumentalunterricht, Chor und Orchester werden in der Musikschule gelehrt.

In einer bundesweiten Umfrage des Wirtschaftsmagazins „Capital" in Zusammenarbeit mit dem Software-Produzenten „Microsoft" belegte das Gymnasium Schloss Hagerhof im Juni 2005 unter 575 teilnehmenden deutschen Schulen den 3. Platz in Nordrhein-Westfalen und den 10. Rang in Deutschland.

Auf einen Blick

Schule:
Einziges Internatsgymnasium Deutschlands, dessen pädagogische Arbeit auf den Grundsätzen von Maria Montessori aufbaut.
Von den rund 540 Schülerinnen und Schülern wohnen etwa 120 im Internat.

Abschlüsse:
- Allgemeine Hochschulreife
- Fachhochschulreife
- Fachoberschulreife

Ausstattung:
2 Sporthallen, Kraftraum, Informatik- und naturwissenschaftliche Räume, Bibliothek, Außensportanlagen, Kunstrasen-Fußballplatz, Streetball- und Beachvolleyball-Spielfelder, rund 60 000 m² Parkgelände

Sprachenfolge:
- Englisch (ab Klasse 5)

Wahlpflichtbereich I:
- Französisch oder Latein (ab Klasse 6/7)

Wahlpflichtbereich II:
- Spanisch, Informatik oder Biologie/Sport (ab Klasse 8/9)

Neu einsetzend ab Klasse 10/11:
- Spanisch oder Französisch

■
Gymnasium
Schloss Hagerhof
Bad Honnef

Bad Honnef ist als Tagungs-, Kongress- und Gesundheitsstadt bekannt.

Hexenturm in Bornheim

pulsierenden Großstädten Köln und Bonn. Dies wusste bereits Dr. Konrad Adenauer, erster Bundeskanzler der Bundesrepublik Deutschland, zu schätzen, der im Stadtteil Rhöndorf wohnte und dessen Haus heute mit einer ständigen Ausstellung den zahlreichen Besuchern die Geschichte jener Zeit näher bringt.

Zwischen den Rheinmetropolen Köln und Bonn, am landschaftlich reizvollen Vorgebirge und am Rhein gelegen, besitzt **Bornheim** die Vorteile einer citynahen Kommune im Grünen. Mit 14 Ortschaften und fast 50 000 Einwohnern ist Bornheim eine sympathische Stadt mit hervorragender Infrastruktur und einem ausgeprägten Freizeitangebot. Hier finden sich städtische und dörfliche Strukturen, moderne Dienstleistungszentren und landwirtschaftliche Betriebe sowie Innovation und Brauchtum an einem Standort. Die dynamische Entwicklung der Stadt in den letzten Jahren ist nicht zuletzt auf die zentrale Lage zwischen den Ballungszentren Köln und Bonn sowie auf die Kombination aus ländlich geprägten Wohn-, Wirtschafts- und Erholungsgebieten mit prosperierenden Ansiedlungsräumen für Dienstleistungsunternehmen, Gewerbe- und Handwerksbetriebe zurückzuführen.

Die Gemeinde **Eitorf** ist landschaftlich

Architektonisches Kleinod in Eitorf: Villa Grauhe

reizvoll im südöstlichen Teil des Rhein-Sieg-Kreises am Mittellauf der Sieg gelegen. Das Gemeindegebiet grenzt an die Ausläufer des Bergischen Landes und des Westerwaldes. Mit 58 Ortschaften auf rund 70 Quadratkilometern ist Eitorf eine Großflächengemeinde mit ca. 20 000 Einwohnern, von denen die Hälfte im städtisch strukturierten Zentralort mit S-Bahn- und Regional-Express-Anschluss wohnt.

Eitorf ist Mittelzentrum und hat eine bedeutende Stellung innerhalb des regionalen Arbeitsmarktes. Bedingt durch seine hervorragende Infrastruktur und die Nähe zu Bonn und der Kreisstadt Siegburg haben sich hier rund 400 Gewerbe- und Einzelhandelsbetriebe angesiedelt.

Günstige Wohnbaugrundstücke in landschaftlich reizvoller Umgebung sowie ein ausgedehntes Naherholungsgebiet mit zahlreichen markierten Wander- und Radwanderwegen machen den hohen Freizeitwert der Gemeinde Eitorf aus.

Hennef hat rund 45 000 Einwohner. Einzelne Stadtteile können auf eine fast 1000-jährige Geschichte zurückblicken und gehören heute zu den beliebtesten Touristenattraktionen des Rhein-Sieg-Kreises, beispielsweise die älteste Titularstadt Deutschlands, „Stadt Blankenberg". Die Stadt Hennef besticht mit ihren rund 100 Dörfern und Weilern entlang der Sieg und auf den Höhenlagen durch großen landschaftlichen Charme, viel Nähe zur Natur und ein angenehmes Wohn- und Lebensklima. Andererseits ist Hennef durch zahlreiche Verkehrswege optimal in die Wirtschaftsregion Bonn/Rhein-Sieg eingebunden und ein attraktiver Standort für Dienstleister und andere Unternehmen. Die Innenstadt ist als modernes, leistungsfähiges Einkaufs- und Dienstleistungszentrum Anlaufstelle für die Menschen des Umlandes – auch anlässlich der vielen über das Jahr stattfindenden Feste und Veranstaltungen. Hennef bietet nicht nur alle Schulformen inklusive einer Gesamtschule und einer Kunstschule, sondern darüber hinaus ein vielfältiges Freizeit- und Kulturangebot. Insbesondere der Sport ist für die Stadt und ihre Bewohner von großer Bedeutung. Die in Hennef ansässige Sportschule des Fußballverbandes Mittel-

Einkaufserlebnis Hennef: urban und familiär. Im Zentrum der Stadt und dem Subzentrum Uckerath ist alles nahe beieinander. Hier kauft man ein, hier trifft man sich.

Stadt Blankenberg: Das mittelalterliche Blankenberg mit seiner Burganlage und einer einzigartigen Ballung von wunderschön erhaltenen Fachwerkhäusern ist eine der bedeutendsten Touristenattraktionen im Rhein-Sieg-Kreis.

Auf einen Blick

Einwohner: 45 000

Fläche:
105,80 km² Stadtgebiet

Ortschaften:
Die Stadt hat über 100 Dörfer und Weiler und setzt sich zusammen aus den ehemals selbstständigen Gemeinden Hennef, Lauthausen und Uckerath.

Stadt Hennef

Wir über uns: Stadt Hennef

Die Stadt Hennef besticht mit ihren rund 100 Dörfern und Weilern entlang der Sieg und auf den Höhenlagen durch großen landschaftlichen Charme, viel Nähe zur Natur und ein angenehmes Wohn- und Lebensklima. Die Innenstadt ist als modernes, leistungsfähiges Einkaufs- und Dienstleistungszentrum Anlaufstelle für die Menschen des Umlandes und bietet übers Jahr zahlreiche Feste und Veranstaltungen. Mehrere Gewerbegebiete rund um die Stadt beherbergen national und international tätige Unternehmen.

Insbesondere der Sport ist für die Stadt und ihre Bewohner von großer Bedeutung. Die in Hennef ansässige Sportschule des Fußballverbandes Mittelrhein war schon mehrfach Gastgeber der deutschen und anderer Nationalmannschaften und ist in die Liste der Mannschaftsquartiere für die Weltmeisterschaft 2006 aufgenommen worden.

Einzelne Stadtteile können auf eine über 1000-jährige Geschichte zurückblicken und gehören heute zu den beliebtesten Touristenattraktionen des Rhein-Sieg-Kreises, beispielsweise die „Stadt Blankenberg“ mit ihrer mittelalterlichen Großburganlage.

Schloss Allner in Hennef

rhein war schon mehrfach Gastgeber der Nationalmannschaft, ist in die Liste der Mannschaftsquartiere für die Weltmeisterschaft 2006 aufgenommen und steht mit ihren Trainingsstätten auch den Hennefern offen. Das rege Gemeinschaftsleben in der Stadt wird getragen von über 200 Vereinen, die insbesondere in den Dörfern und Weilern eine große Bedeutung haben.

Königswinter ist eine Stadt mit vielen Gesichtern, in der es sich lohnt zu leben, ob am Rhein, an den Hängen des Siebengebirges oder im Oberpleiser Hügelland. Überall besticht die landschaftliche Schönheit, verbunden mit historischen Stätten und Bauwerken. Durch eine gut ausgebaute Infrastruktur sind Städte wie Bonn oder Köln mühelos und schnell zu erreichen.

Hinweise auf eine frühe Besiedlung reichen bis ins erste Jahrtausend nach Christus zurück. Das heutige Gemeinwesen „Stadt Königswinter" ging aus der kommunalen Neugliederung im Jahr 1969 hervor und umfasst ein Gebiet von 7619 Hektar, in dem rund 41 000 Menschen leben.

Kulturdenkmäler und gleichzeitig Hauptdokumente der historischen Entwicklung der Stadt sind die zahlreichen Sehenswürdigkeiten, alte Kirchen, Kapellen und Klosterbauten. Zu ihnen zählt die romanische Propsteikirche in Oberpleis mit Krypta und Kreuzgang aus dem 12. Jahrhundert. Überregionale Bedeutung hat das Kloster Heisterbach mit der Chorruine der ehemaligen Klosterkirche, die einst zu den größten romanischen Bauwerken im Rheinland zählte.

Herausragendes Baudenkmal und touristisches Wahrzeichen von Königswinter ist die Burgruine auf dem Drachenfels, die mit dem Aufkommen der Rheinromantik in der Mitte des 19. Jahrhunderts den Grundstein für eine langjährige Tradition Königswinters als Fremdenverkehrsort gelegt hat. Seit 1883 können die Gäste auch bequem mit der Zahnradbahn auf den Gipfel gelangen, von dem aus sich ein unvergleichlicher Blick über das Rheintal bietet. Geschichtsträchtig und ein Anziehungspunkt für Gäste ist noch ein anderer Berg im Siebengebirge: der Petersberg. Bis in die siebziger Jahre des letzten Jahrhunderts diente das mondäne Hotel auf dem Petersberg Staatsgästen der Bundesrepublik Deutschland als Residenz. 1979 erwarb die Bundesregierung den Petersberg. Das Hotel wurde aufwändig restau-

riert und erwachte 1990 als offizielles Gästehaus der Bundesrepublik Deutschland zu neuem Leben. Seitdem haben wieder zahlreiche Staatsgäste, darunter die ehemaligen Präsidenten Clinton und Jelzin, der japanische Kaiser Akihito oder die dänische Königin Margarete das Haus und die wundervolle Siebengebirgslandschaft genossen. Die Afghanistan-Konferenz in 2001 und die Folgekonferenz in 2002 zählen mit zu den herausragenden internationalen Begegnungen hoch über dem Rheintal.

Lohmar ist einerseits weit genug entfernt von den großen Städten Köln und Bonn, um sich seinen ländlichen Charakter zu bewahren, andererseits liegt die aufstrebende Kommune nah genug am pulsierenden Leben der Zentren. Vielleicht macht besonders dieser Gegensatz Lohmar für viele zu einem so begehrenswerten Wohn- und Arbeitsort. Nicht umsonst hat sich die Einwohnerzahl von 1950 bis heute mehr als verdreifacht.

Lohmar ist ebenso ein schöner Wohnort im Grünen wie ein idealer Standort für Wirtschaftsbetriebe. Das liegt zum einen an der guten Verkehrsanbindung, dem Autobahnanschluss und der Nähe zum Flughafen Köln/Bonn – Konrad-Adenauer, zum anderen aber auch an der gut ausgebauten Infrastruktur, die den Ansprüchen einer modernen Stadt gerecht wird. Gute Anbindungen an den öffentlichen Personennahverkehr sorgen darüber hinaus für eine hohe Mobilität der Einwohnerinnen und Einwohner.

Das kulturelle und gesellschaftliche

Blick vom Rhein auf Königswinter

Burg Sülz ist das Wahrzeichen von Lohmar

Historischer Fachwerk-Bahnhof Kottenforst vor den Toren Meckenheims

Leben Lohmars ist von den Aktivitäten der Stadt und der vielen Vereine geprägt. Daneben sorgen die städtische Musik- und Kunstschule und Auftritte nationaler und internationaler Stars für ein ansprechendes Veranstaltungsprogramm. Zahlreiche Kindergärten, vier Gemeinschaftsgrundschulen, eine Gemeinschaftshauptschule, eine Realschule und ein Gymnasium garantieren flächendeckend die schulische Ausbildung. Spiel- und Bolzplätze, ein Skater-Platz, mehrere Jugendzentren und ein Jugendtreff bieten vielfältige Anregungen zur Freizeitgestaltung.

Die reizvolle landschaftliche Lage mit einem 170 Kilometer langen Wanderwegenetz und die allen Wünschen gerecht werdende Gastronomie zeichnen die Stadt Lohmar überdies als bevorzugtes Naherholungsgebiet aus.

Die Rosen- und Apfelstadt **Meckenheim** liegt inmitten einer abwechslungsreichen und interessanten Kulturlandschaft mit einer Vielzahl von Sehenswürdigkeiten und Freizeitangeboten. Mit fast 27 000 Einwohnern ist Meckenheim eine mittlere Stadt des Rhein-Sieg-Kreises in unmittelbarer Nähe zur Bundesstadt Bonn. Für Unternehmen und Familien gilt Meckenheim als bevorzugter Arbeits- und Lebensraum mit einer exzellenten Verkehrsanbindung an das europäische Autobahnnetz und an den nahe gelegenen Flughafen Köln/Bonn – Konrad-Adenauer.

In dem durch den Bonn-Berlin-Umzug ausgelösten Strukturwandel der Region spielt der Konrad-Adenauer-Flughafen eine elementare Rolle. Er trug nicht zuletzt dazu bei, dass sich viele neue Unternehmen in Meckenheim ansiedelten und tausende von Arbeitsplätzen geschaffen wurden.

In den vergangenen 30 Jahren hat sich Meckenheim als Entwicklungsstadt des Landes Nordrhein-Westfalen einen Namen gemacht. Aufgrund der vorbildlichen Infrastruktur im Wirtschafts-, Bildungs- und Freizeitbereich sowie der günstigen Grundstücke und des regionalen Arbeitsplatzangebotes siedelten sich in der Stadt viele junge Familien an. Ein gut ausgebautes Straßennetz, 78 Spielplätze sowie alle Schulformen des gegliederten Schulwesens bieten neben zahlreichen sozialen Versorgungseinrichtungen den Bürgern eine hohe Standortqualität. Diese Voraussetzungen unterstreichen auch das familienfreundliche

Wir über uns: Gemeinde Much

Much, die junge aufstrebende Gemeinde mit hoher Wohn- und Freizeitqualität:
- *kinder- und familienfreundlich mit Ganztagsangeboten in Kindertagesstätten und Grundschulen*
- *gutes Schulangebot mit drei Grundschulen, Haupt- und Realschule (Gymnasien in Nachbarkommunen verkehrsgünstig zu erreichen)*
- *hochwertige Kultur- und Freizeitangebote*
- *vielfältige Sportangebote, u. a. Rasensportplatz, Golfplatz, Reiten und DSV aktiv Nordic Walking Zentrum*
- *Naherholungs- und Gesundheit-aktiv-region*
- *ausgebaute Wanderwege*
- *Gewerbegebiet mit 1200 Arbeitsplätzen am Ort*
- *verkehrsmäßig gute Anbindung an die Kreisstadt Siegburg sowie an die Zentren Bonn und Köln*
- *u. v. m.*

„Einmal in Much und Sie kommen wieder!“

Auf einen Blick

Einwohner: 15 500

Fläche: 78 km²

Ortsteile:
Hauptorte Much und Marienfeld sowie 112 Ortschaften, Einzelhöfe und Weiler

Gemeinde Much

Profil der Stadt. Trotz des raschen Wachstums hat sich Meckenheim einen eigenen Charakter und Charme bewahrt. Seit Mitte des 19. Jahrhunderts trägt es die Bezeichnung „Stadt der Edelobstplantagen und Baumschulen“. Immer noch befinden sich in Meckenheim und seinen Ortsteilen 53 landwirtschaftliche Betriebe, wobei die Obstplantagen und Baumschulen mit ca. 70 Prozent der landwirtschaftlich genutzten Fläche am stärksten vertreten sind. Einen großen Teil des Stadtgebietes nehmen die Apfelplantagen ein, die von der Blütezeit im Frühjahr bis zur herbstlichen Erntezeit die Menschen zu Wanderungen und Fahrradtouren einladen. Meckenheimer Äpfel sind bundesweit ein Begriff für Qualität und Frische.

Sanfte Hügel, weit geschwungene Täler, große Wiesen und ausgedehnte Wälder sind es, die die malerische Landschaft um **Much** ausmachen. Die Gemeinde liegt im Übergang von der Rhein-Sieg-Ebene zum Bergischen Land im nordöstlichen Teil des Rhein-Sieg-Kreises, 30 Kilometer von Bonn und 35 Kilometer von Köln entfernt. Die Autobahn 4 von Köln nach Olpe ist nur 10 Kilometer entfernt. Der Flughafen Köln/Bonn – Konrad-Adenauer ist in einer hal-

Die Gemeinde Much präsentiert sich ihren Gästen als Kommune mit hohem touristischen Anspruch.

Der Erweiterungsbau des Rathauses in Neunkirchen-Seelscheid wurde von der Zacharias Planungsgruppe projektiert und im Sommer 2002 nach rund 12-monatiger Bauzeit abgeschlossen.

Auf einen Blick

Gründungsjahr: 1972

Mitarbeiter: sieben

Schwerpunkte:
- kommunale Bauten wie Schul- und Sportstätten und Verwaltungsgebäude
- Gemeindezentren
- Wohnhäuser
- Brandschutzsanierungen

ZP Zacharias Planungsgruppe St. Augustin

Blick in den neuen Sitzungssaal des Gemeinderates

Wir über uns: ZP Zacharias Planungsgruppe

Die Schwerpunkte der Zacharias Planungsgruppe liegen in der Planung von kommunalen Bauten, hier insbesondere Schul- und Sportstätten, sowie Verwaltungsgebäuden, Gemeindezentren und Wohnhäusern.

In über 90 zum Teil landes- und bundesweit ausgeschriebenen Wettbewerben wurden rund zwei Drittel der Entwürfe des Büros prämiert bzw. führten zu Aufträgen. Allein in den vergangenen zehn Jahren realisierte das Büro rund 30 Schulbauten.

Zentrales Thema der Zacharias Planungsgruppe ist eine ökonomische Bauausführung. Die Erfahrung zeigt, dass kostengünstiges Bauen bei gleichzeitig hohem Anspruch an Funktionalität und Architektur kein Gegensatz sein muss. Die Basis zur Kostenoptimierung bilden die Erfahrungen aus über 200 durchgeführten Projekten. Als Generalplaner erbringt die Zacharias Planungsgruppe neben den Architekturleistungen auch die Planungen für die Gebäudetechnik sowie die Tragwerksplanung.

ben Stunde, der ICE-Bahnhof in Siegburg in 20 Minuten zu erreichen.

Als eine der ältesten Siedlungen des Bergischen Landes ist Much durch den Zuzug vieler junger Familien stetig gewachsen und heute mit 15 500 Einwohnern die vom Altersdurchschnitt her jüngste Gemeinde im Kreis und besonders familienfreundlich. Hervorzuheben ist das gute Schulangebot mit drei Grundschulen sowie Haupt- und Realschule (Gymnasien sind in Nachbarkommunen günstig zu erreichen). Much bietet ein gut ausgebautes Wanderwegenetz und gepflegte Orte und Weiler.

Durch viele Sport- und Freizeiteinrichtungen (u. a. Rasensportplatz und eine 18-Loch-Golfanlage) sowie ein anerkannt gutes und vielfältiges Angebot an kulturellen Veranstaltungen und Freizeitangeboten ist Much zu einer attraktiven Wohn- und Erholungsgemeinde geworden. Für viele Besucher gilt: „Einmal in Much und Sie kommen wieder!".

Die Gemeinde **Neunkirchen-Seelscheid** liegt im südlichen Teil des Bergischen Landes. Die günstige Verkehrsanbindung ermöglicht eine schnelle Erreichbarkeit der Ballungszentren Köln und Bonn sowie der Kreisstadt Siegburg, die ca. 12 Kilometer entfernt liegt. Mit ihren 57 Ortsteilen, die sich um die beiden Hauptorte Neunkirchen und Seelscheid verteilen, bietet die Gemeinde sowohl einen charmanten dörflichen Charakter als auch eine sehr gute infrastrukturelle Ausstattung.

Das Landschaftsbild der Gemeinde ist geprägt von der Wahnbachtalsperre, die mit einer Wasserfläche von 225 Hektar für die Wasserversorgung weiter Teile der Region Bonn/Rhein-Sieg wichtig ist. Neunkirchen-Seelscheid ist nicht nur eine beliebte Wohngemeinde, sondern aufgrund der reizvollen Landschaft und des günstigen Klimas zugleich ein attraktives Naherholungsgebiet.

Neunkirchen-Seelscheid ist bekannt für seine schöne Fachwerkarchitektur.

Neben den hohen Wohn- und Freizeitqualitäten ist die Gemeinde auch sehr familienfreundlich ausgerichtet. Ein umfassendes Kinderbetreuungs- und Schulangebot ermöglicht große Flexibilität. Zwei Grundschulen, die als Offene Ganztagsschulen geführt werden, eine dritte, integrative Grundschule ab dem Schuljahr 2005/2006 sowie weiterführende Schulen wie Hauptschule, Realschule und ein privates Gymnasium bieten eine vielfältige Auswahl in diesem Bereich. Darüber hinaus ist ein Berufskolleg mit einem attraktiven Bildungsangebot vorhanden. Fortsetzung Seite 23

Aufwändig renovierte Hofanlage in Seelscheid, Breite Straße

Wir über uns:
Gemeinde Neunkirchen-Seelscheid

Die reizvolle Landschaft der Gemeinde Neunkirchen-Seelscheid mit der stark bewegten Topographie des Bergischen Landes und die Nähe zu den Großstädten Köln und Bonn mit Anschluss an die Ballungsrandzone bei Siegburg führte dazu, dass sich die Gemeinde als begehrter Wohnort mit hohem Pendleranteil entwickelt hat.

Neunkirchen-Seelscheid verfügt über eine sehr gute infrastrukturelle Ausstattung mit elf Kindergärten, drei Grundschulen – davon eine integrative Grundschule –, einer Hauptschule, einer Realschule, einem Gymnasium (in kirchlicher Trägerschaft) sowie einem Berufskolleg.

Insgesamt fünf gut bestückte Bibliotheken, zwei Kleinkunstbühnen und zwei Galerien, eine Kunst- und Musikschule sowie eine Malschule akzentuieren das breite Spektrum künstlerischen Lebens in der Gemeinde.

Das markanteste und beeindruckendste Bauwerk im Gemeindegebiet von Neunkirchen-Seelscheid ist zweifellos die Wahnbachtalsperre. Der in den 1950er Jahren angelegte Stausee sichert die Trinkwasserversorgung eines großen Teils des Rhein-Sieg-Kreises und der Stadt Bonn.

Ein umfangreiches Wanderwegenetz bietet dem Naturfreund die Möglichkeit zu ausgedehnten Spaziergängen, besonders reizvoll ist das großflächig unter Naturschutz gestellte Naafbachtal. Ausgezeichnete gastronomische Betriebe halten ein kulinarisch anspruchsvolles Angebot bereit.

Die Gemeinde bietet eine gesunde und vielfältige handwerklich-gewerbliche Wirtschaftsstruktur und verfügt über drei Gewerbegebiete mit einer Fläche von 45 Hektar. Die hohe Kaufkraft der Einwohner und der hohe Wohn- und Freizeitwert machen die Gemeinde vor allem für Dienstleistungsunternehmen interessant.

Katholische Kirche mit Pfarrhaus in Seelscheid

„Arma-Christi-Kreuz“ im Ortsteil Söntgerath

Die Wahnbachtalsperre mit 225 Hektar Wasserfläche prägt das Landschaftsbild.

Auf einen Blick

Einwohner: 20 514

Fläche: 50,64 km²

Ortsteile:
Balensiefen, Birken, Birkenfeld, Birkenmühle, Brackemich, Breiderheide, Breitscheid, Bruchhausen, Busch, Effert, Eich, Eischeid, Gutmühle, Hardt, Hasenbach, Hausen, Hausermühle, Heidgen, Heister (2x), Herkenrath, Hermerath, Hermerather Mühle, Herrenwiesermühle, Hochhausen, Hohn (2x), Höfferhof, Hülscheid, Ingersau, Ingersaueler Mühle, Kaule, Kotthausen, Köbach, Krahwinkel, Krawinkel, Meisenbach, Mohlscheid, Nackhausen, Neunkirchen, Niederhorbach, Niederwennerscheid, Oberdorst, Oberheister, Oberste Zeith, Oberwennerscheid, Ohlig, Ohmerath, Pinn, Pixhof, Pohlhausen, Rehwiese, Remschoß, Rengert, Renzert, Rippert, Schaaren, Scherpekotten, Scherpemich, Schöneshof, Seelscheid, Siefen, Söntgerath, Stein, Steinermühle, Straßen, Unterste Zeith, Wahlen, Wahn, Weiert, Wende, Weesbach, Wiescheid, Wolperath

■

Gemeinde Neunkirchen-Seelscheid

Wir über uns: Niederkassel – Wohnen und Arbeiten am Rhein

Mehr als 36 000 Menschen leben in der Stadt im Nordwesten des rechtsrheinischen Kreisgebietes. Sie genießen die Lage am Strom, nennt doch Niederkassel fast zwölf Kilometer Rheinufer sein eigen.

Die Nähe zum Fluss war schon immer ein Vorteil. Seit Jahrhunderten siedelten sich die Menschen hier an, trieben Handel und übten ihr Handwerk aus. Es überrascht daher nicht, dass Niederkassels Norden auf eine lange industrielle Tradition von über 90 Jahren zurückblicken kann und heute ein bedeutender Standort der Feinchemie ist.

Aber in Niederkassel findet sich auch eine Vielzahl leistungsfähiger mittelständischer Unternehmen mit Schwerpunkten im Maschinenbau und im Baugewerbe. Viele der Bewohner Niederkassels haben hier auch ihren Arbeitsplatz. Andere arbeiten in den angrenzenden Großstädten Köln und Bonn, wissen die hervorragende Wohnqualität in Niederkassel und in den einzelnen selbstbewussten Stadtteilen aber sehr zu schätzen. Hinzu kommt die ausgesprochen gute Verkehrsanbindung der rechtsrheinischen Kommune.

Mit Hilfe der Stadtentwicklungsgesellschaft, einer hundertprozentigen Tochtergesellschaft der Stadt Niederkassel, gelingt es vor allem jungen Familien, gut geschnittene und preiswerte Grundstücke zu finden, auf denen nach individuellem Geschmack freistehende Einfamilienhäuser oder Doppelhaushälften gebaut werden können. Im Zusammenspiel mit einer kompletten sozialen und kulturellen Infrastruktur sind damit alle Voraussetzungen gegeben, sich in Niederkassel einfach nur wohl zu fühlen.

„Stadt Niederkassel –
ein toller Standort für Ihr
Traumhaus!“

Auf einen Blick

Stadt Niederkassel

- zwölf Kilometer Rheinufer
- selbstbewusste Stadtteile mit Tradition
- kurze Wege nach Köln und Bonn
- attraktive Wohnlagen
- gut ausgebautes Schulsystem
- familienfreundliches Umfeld

Auf einen Blick

Gründungsjahr:
Stante Pede 1996
pro consens 2000

Leistungsspektrum:
- Mediation für Menschen in Konfliktsituationen
- Verfahrenspflege, Anwältin des Kindes
- Meditation und metaphysisches Autogenes Training nach Sauter-Institut

pro consens
Niederkassel

Wir über uns: pro consens, Mediation und Verfahrenspflege, Anwältin des Kindes

Die Mediatorin Edeltraud Preuß hilft Menschen in Konfliktsituationen. Wenn sich Partner trennen oder scheiden lassen wollen, bei Mobbing am Arbeitsplatz und auch in Schulen vermittelt sie neutral und unabhängig.

In ihrer Eigenschaft als Verfahrenspflegerin, Anwältin des Kindes, begleitet sie Kinder und Jugendliche, deren Eltern sich um das Umgangs- oder Sorgerecht vor Gericht streiten, durch das Familiengerichtsverfahren. Die Anwältin des Kindes vertritt hier deren Interessen.

Seit 2005 bietet Edeltraud Preuß metaphysisches Autogenes Training und Meditation nach Sauter-Institut an. Diese Methoden zur Entspannung für Körper, Geist und Seele sind Wege zu noch mehr Gesundheit, Glück und Erfolg.

Rheinfähre bei Niederkassel

Kleinkunstbühnen, Galerien, Musik- und Kunstschulen, Büchereien und vielfältige Sportmöglichkeiten runden den Kultur- und Freizeitbereich in der Gemeinde ab. Es lohnt sich, Neunkirchen-Seelscheid zu entdecken.

Zwölf Kilometer Rheinufer prägen die Stadt **Niederkassel.** Die hervorragende Lage zwischen der Bundesstadt Bonn im Süden und der Metropole Köln im Norden macht die Stadt zu einem attraktiven Standort für Wohnen und Arbeiten. Straßen mit historischer Bausubstanz und unterschiedlich gestaltete, begrünte Ortsmittelpunkte charakterisieren die einzelnen Stadtteile, die auf Dauer eigenständig entwickelt werden. Der Yachthafen in Mondorf, der Golfplatz in Uckendorf und das Rheinufer sind reizvolle Angebote für Erholung und Freizeit.

Ruine der Tomburg
in Rheinbach

Die Stadt **Rheinbach** erstreckt sich im südöstlichen Kreisgebiet vom Kottenforst über die Swistniederung und dem Ausläufer der Zülpicher Börde bis auf die Höhen des Nordhangs der Eifel. Erstmals im 8. Jahrhundert in einer Schenkungsurkunde des Königs Pippin an die Abtei Prüm erwähnt, kam der ehemaligen Kreisstadt Rheinbach schon immer eine zentralörtliche Bedeutung zu. Dies zeigt sich an der Vielzahl klassifizierter Straßen, an deren Schnittpunkt Rheinbach liegt, oder an den über die Stadtgrenzen hinaus wirkenden Vorzügen als Einkaufsort und Behördenstandort.

Nicht jeder erwartet in Rheinbach drei Gymnasien, eine Realschule, einen Volkshochschulzweckverband und eine Musikschule. Auch das „Staatliche Berufskolleg Glas Keramik Gestaltung des Landes Nordrhein-Westfalen" hat seinen Standort in Rheinbach und entfaltet mit dem Glasmuseum Rheinbach, das im Jahr 1968 als bundesweit erstes Spezialmuseum für nordböhmisches Hohlglas gegründet wurde, überregionale Bedeutung. Hinzu kommt die neu gegründete Fachhochschule Bonn-Rhein-Sieg, die mit ihrer Abteilung in Rheinbach zum Wintersemester 1994/95 ihren Lehrbetrieb aufgenommen hat. Die historische Altstadt ist von ihrer Funktion her auch heute noch Mittelpunkt. Hier konzentrieren sich die Geschäfte für die Versorgung der Bevölkerung, ohne dass der mittelalterliche Charakter der Stadt verloren geht. Zur Schaffung von neuen Wohngebieten wurden dem alten Stadtkern neue, in sich geschlossene Stadtteile angegliedert.

Rheinbach ist seit über 30 Jahren Naturparkgebiet. Ein integriertes Wander-, Reit- und Radwegesystem erschließt die reizvolle Landschaft, in die Rheinbach eingebettet ist. Ein weitläufiger Freizeitpark mit Kinderspielplätzen, Spielfeldern, Beachvolleyballplätzen, dem Sport- und Erlebnisbad „monte mare" – u. a. mit Taucherbasis, Saunabereich und „Oase der Sinne" – sowie vielen weiteren Einrichtungen vervollständigt das Erholungs- und Freizeitangebot.

In der waldreichen Hügellandschaft des westlichen Bergischen Landes liegt ca. 30 Kilometer östlich der Stadt Bonn und ca. 20 Kilometer östlich der Kreisstadt Siegburg die bevölkerungsmäßig kleinste Gemeinde des Rhein-Sieg-Kreises, die Gemeinde **Ruppichteroth**. Zwischen ausgedehnten,

Auf einen Blick

Gründungsjahr: 1991

Mitarbeiter: ca. 40

Schülerinnen: insgesamt 118 aus sieben verschiedenen Nationalitäten

Ziele: Erziehungsarbeit nach Don Bosco
- Ehrfurcht vor Gott und den Nächsten
- Disziplin
- Höflichkeit
- Ordnung
- Vermittlung der abendländischen Kultur

St.-Theresien-Gymnasium Ruppichteroth

Wir über uns: St.-Theresien-Gymnasium

Das St.-Theresien-Gymnasium in Ruppichteroth-Schöneberg wurde 1991 von der Priesterbruderschaft St. Pius X. als Mädchenschule und Internat gegründet. Das konkrete Vorbild der Weltanschauungsschule, die den traditionell katholisch ausgerichteten Schulalltag durchzieht, ist die Erziehungsarbeit des großen heiligen Jugendpädagogen Don Bosco, der das Präventivsystem geprägt hat.

Ziel des Gymnasiums ist es, frohe und selbstständige junge Menschen heranreifen zu lassen, die ihr Leben auf der Grundlage christlicher Überzeugung und Selbstbeherrschung zu gestalten wissen. Die Schulausbildung richtet sich nach den Lehrplänen des Landes Nordrhein-Westfalen. Schwerpunkte liegen im Bereich der Geisteswissenschaften. Gepflegt werden in besonderer Weise Musik, Kunst und das klassische Theater.

ruhigen Wäldern und reizvollen kleinen Ortschaften – Preisträger im landes- und bundesweiten Wettbewerb schöner Dörfer – ist viel an Wohninfrastruktur vorhanden. Aufgrund seiner landschaftlich reizvollen Lage hat in der Gemeinde Ruppichteroth der Tourismus eine wachsende Bedeutung. Hotels, Gaststätten und Privatpensionen gewährleisten dem Gast Erholung und Entspannung vom Alltag. Außerdem stehen eine Reihe von Sport- und Freizeiteinrichtungen zur Verfügung.

Die junge Stadt **Sankt Augustin**, zwischen Bonn und Siegburg gelegen, hat sich dank ihres starken Wachstums in rasantem Tempo zur zweitgrößten Stadt im Rhein-Sieg-Kreis entwickelt. Aufgrund ihrer Nähe zu den umliegenden Städten Köln und Bonn und der verkehrsgünstigen Lage ist Sankt Augustin ein Schwerpunkt für Dienstleistungsbetriebe geworden. Überregional bedeutsame Verbände und Institutionen

Fachwerkhaus in Ruppichteroth

Auf einen Blick

Erstflug 17. Juli 1909 durch Fritz Pullig

Bau der ersten Flugzeughalle 1913

Heimat der Bundesgrenzschutz-Fliegergruppe seit 1955 (heute Bundespolizei)

Luftfahrerschule des Landes NRW seit 1955 (Wiedererlangung der Lufthoheit nach dem Zweiten Weltkrieg)

Wir über uns: Flugplatzgesellschaft Hangelar mbH

Auf eine fast 100-jährige Geschichte blickt das älteste noch in Betrieb befindliche Flugfeld heute zurück. Schon vor dieser Zeit war die Hangelarer Heidelandschaft den Kinderschuhen der Luftfahrt gewidmet. Ideal angebunden an das Straßen- und Schienennetz der Region bildet der Flugplatz optimale Voraussetzungen zur Einbindung der Luftfahrt in Mobilitätsansprüche des neuzeitlichen Europa. Knapp 200 zum Teil hoch technisierte Arbeitsplätze sind heute auf ein Dutzend ansässige Gewerbebetriebe verteilt, die sich schwerpunktmäßig auf die Wartung modernsten Fluggerätes spezialisiert haben oder die professionelle Ausbildung vom Privatpiloten bis hin zum Berufsluftfahrzeugführer im Linienflugverkehr anbieten.

Einen hohen Freizeitwert stellt am Wochenende nicht nur die Faszination des Flugsports an sich dar. Für viele Zaungäste, die sich während des ganzen Jahres vom bunten Flugbetrieb mit Luftschiffen, Hubschraubern sowie Motor- und Segelflugzeugen begeistern lassen, ist der Flugplatz ein sehr beliebtes Ausflugsziel.

Auf einen Blick

14 ansässige Luftsportvereine mit über 1000 Mitgliedern

12 ansässige Gewerbebetriebe mit rund 200 Beschäftigten

jährlich rund 72 000 Flugbewegungen (Schnitt 10 Jahre)

über 100 fest stationierte Geschäftsreiseflugzeuge

Attribut „Schwerpunktlandeplatz für den Geschäftsreiseluftverkehr" im Landesluftfahrtkonzept 2010 des Landes NRW

■

Flugplatzgesellschaft Hangelar mbH Sankt Augustin

Die Konrad-Adenauer-Stiftung trägt seit 1964 den Namen des ersten Bundeskanzlers.

haben sich hier angesiedelt. Das Spektrum reicht von der Informations- und Medienzentrale und dem Logistikamt der Bundeswehr bis hin zu den Instituten der Fraunhofer Gesellschaft und der Konrad-Adenauer-Stiftung. Weit über die Stadtgrenzen hinaus bekannt ist auch die Asklepios Kinderklinik mit dem angeschlossenen Kinder-Herzzentrum. Hinzugekommen ist die Fachhochschule Bonn-Rhein-Sieg, Abteilung Sankt Augustin. Mit einem jüngst fertig gestellten Erweiterungsbau stehen nun auch Räumlichkeiten für Existenzgründer (Business-Campus) zur Verfügung. Kindergärten, Schulen, Jugendzentren, Sportplätze, Turnhallen, Hallenbäder und ein Freibad, ein gut ausgebautes Straßen- und Verkehrsnetz, Rad- und Wanderwege sowie vielfältige Naherholungsmöglichkeiten in einem landschaftlich reizvollen Umfeld – alles das hat Sankt Augustin zu bieten. Dabei ist Sankt Augustin ein weiter wachsendes Mittelzentrum mit hervorragender Infrastruktur, hoher Wohnqualität und attraktiver Wirtschaftsstruktur.

Siegburg, im Jahr 1182 mit dem Stadtrecht ausgestattet und seit 1816 Kreisstadt, ist der historisch gewachsene und von modernem Leben erfüllte Mittelpunkt des Kreises. Gewerbefleiß, Handel und Kunsthandwerk prägten die Stadt schon im Mittelalter. In der jüngeren Vergangenheit änderte sich das Gesicht der Stadt: Moderne Verwaltungsbauten, Wohnanlagen, Einkaufspassagen und Grünanlagen brachten manches Neue mit sich. Trotzdem hat sich Siegburg mit der Harmonie des Marktplatzes im Schatten der Servatiuskirche und des Michaelsberges mit der Abtei ein unverwechselbares Stadtbild erhalten.

Vorplatz der St. Servatius Kirche in Siegburg

Gewerbe und Industrie, Handel und Verkehr, aber auch die Ausstrahlung Siegburgs als Dienstleistungs- und Einkaufszentrum sowie die öffentliche Verwaltung bestimmen heute das wirtschaftliche Leben dieser Stadt. Durch die Errichtung des ICE-Bahnhofs an der Schienenschnellstrecke Köln–Frankfurt/Main wurde die zentrale Anbindung Siegburgs an das europäische Schienenverkehrsnetz noch weiter ausgebaut.

Im westlichen Zipfel des Rhein-Sieg-Kreises – im Tal der Swist und der Rheinbacher Börde – liegt die aus zehn Ortschaften gebildete Gemeinde **Swisttal.** Sie ist noch weitgehend landwirtschaftlich geprägt. Einige Ortschaften haben sich zu bevorzugten Wohnplätzen für Neubürger entwickelt, die vorwiegend in der nur ca. 15 Kilometer entfernten Bundesstadt Bonn tätig sind. Wasserburgen und -schlösser dokumentieren historisches Siedlungsland. Die landschaftlich reizvolle Lage im Naturpark Kottenforst-Ville mit vielen Wander- und Radwandermöglichkeiten vorbei an alten Burgen und Kirchen lassen eine intakte Umwelt mit viel Natur erleben.

Eine von vielen Wasserburgen in der Gemeinde Swisttal ist das 1768 erbaute Schloss Miel.

Siegaue bei Troisdorf-Bergheim

Die Nähe zu den Großstädten Köln und Bonn macht's möglich: Direkt an der Flughafenautobahn 59 gelegen, ist es von **Troisdorf** bis zum Kölner Dom oder bis zum Bonner Beethovenhaus nicht viel mehr als Minutensache. Mit mittlerweile mehr als 75 000 Einwohnern ist Troisdorf die größte Stadt im Kreis.

Allein diese Tatsache verlangt nach Verkehrsverbindungen, die den Ansprüchen der Bürger in jeder Hinsicht gerecht werden. Ein gut ausgebautes Busnetz, die Anbindung an die Bundesbahnhauptlinie Köln–Frankfurt/Main, die schnelle S-Bahn-Verbindung nach Köln und über Siegburg hinaus ins Siegtal sowie der nahe Flughafen Köln/Bonn - Konrad-Adenauer werden deshalb zunehmend auch für Troisdorfer mit eigenem fahrbaren Untersatz zur echten Alternative.

Die Troisdorfer Wohnqualität ist geprägt vom Gegensatz alter und neuer Bausubstanz. Ländliches Flair in den alten Ortskernen, urbanes Leben in der Innenstadt, liebevoll renoviertes Fachwerk in harmonischem Einklang mit markanten Neubauten machen den Reiz der Stadt aus.

Troisdorfs Fußgängerzone in der City ist gleichzeitig die Flaniermeile der Stadt. Während in den vielen Geschäften ein umfangreiches Warenangebot wartet, laden die begrünten Sitzrondells vor den Läden und auf gemütlichen Plätzen zum Verweilen ein.

Mit zwei, zum großen Teil noch ursprünglichen Naturschutzgebieten kann Troisdorf aufwarten: die Auen im Mündungsgebiet der Sieg in den Rhein sowie die Wahner Heide mit ihren markanten Anhöhen. Auf dem Fahrrad oder zu Fuß – Erholung und Ruhe findet man auf einem ausgebauten Wanderwegenetz, nur wenige Minuten von der City entfernt.

Modernste Technik und historisch Gewachsenes liegen in **Wachtberg** oft nah beieinander. Dies ist nicht nur an den Zeugen der Architektur sichtbar. Angefangen von historischen Wasserschlössern und -burgen bis zum Kugelbau der Großradaranlage der Forschungsgesellschaft für Angewandte Naturwissenschaften (FGAN) in Wachtberg-Werthoven – ein modernes Monument der Technik, das als silbrige Kugel weithin beherrschend über dem „Drachenfelser Ländchen“ thront.

Im übertragenen Sinne gilt dies gewissermaßen auch für die Kommunalpolitik

Auf einen Blick

Einwohner:
rund 20 500

Fläche: 49,68 km^2

Ortschaften:
Adendorf
Arzdorf
Berkum
Fritzdorf
Gimmersdorf
Holzem
Ließem
Niederbachem
Oberbachem
Pech
Villip
Werthhoven
Züllighoven

■
Gemeinde Wachtberg

Wir über uns: Gemeinde Wachtberg

Natürlich denkt man, wenn von der Gemeinde Wachtberg die Rede ist, zuerst an die vulkanisch geprägte Landschaft vor der reizvollen Kulisse des Siebengebirges, an das „Drachenfelser Ländchen" in der Nähe des Rheintales, an Wasserburgen, alte Kirchen und Kapellen, Obstbaumblüte und traditionelles Töpfer- und Schreinerhandwerk – doch Wachtberg ist nicht nur Idylle, sondern eine Kommune voller Pläne und Ideen, voller Innovation und Wachstum.

Wachtberg ist zum einen Sitz der Forschungsgesellschaft für angewandte Naturwissenschaften (FGAN) mit ihrem architektonisch eindrucksvollen 60 Meter hohen Kugelbau. Mit dieser Einrichtung bringt sich die Gemeinde in den Wissenschaftsstandort Bonn ein.

Andererseits ist Wachtberg heute ein hervorragender Standort für eine breite Palette von Gewerbe- und Dienstleistungsbetrieben, die u. a. im neuen Wohn- und Gewerbepark Villip ihren Sitz gefunden haben und von hier aus ihre weltweiten Geschäfte tätigen.

Darüber hinaus ist Wachtberg eine zukunftsorientierte Gemeinde mit vorbildlichen Konzeptionen zur Naherholung, weil sich hier ideal Landschaft und Geschichte, Aktivurlaub und Erholung mit einer schon heute attraktiven Hotellerie und Gastronomie verknüpfen. Der Standort Wachtberg mit seinen rund 20 500 Einwohnern ist Teil einer boomenden Region, in der gewachsene Traditionen, naturräumliche Voraussetzungen und wirtschaftliche Perspektiven eine optimale Verbindung eingehen.

und Bevölkerung. Seit den fünfziger Jahren hat sich die Bevölkerungszahl mehr als verdreifacht und liegt heute bei etwa 19 500. Diese Entwicklung veränderte die Wirtschaftsstruktur entscheidend.

Jeden dritten Einwohner verdankt die Gemeinde heute der Tatsache, dass die Bundesstadt Bonn in direkter Nachbarschaft liegt. Entsprechend sind die Berufsbilder: Sie reichen vom Fernsehjournalisten über den Verwaltungsangestellten bis zum Handwerker und Landwirt. Dementsprechend hat sich die Gemeinde strukturell weiterentwickelt von ihrer ursprünglich handwerklich und landwirtschaftlich ausgerichteten Wirtschaftsstruktur zur modernen Wohngemeinde mit einem breiten Spektrum kleiner und mittelständischer Unternehmen.

Im östlichsten Teil des Rhein-Sieg-Kreises im romantischen Siegtal liegt **Windeck,** die flächenmäßig größte Gemeinde des Kreises. Nahezu 50 Prozent des landschaftlich abwechslungsreichen Gemeindegebietes besteht aus Wald, der sich in fast zusammenhängender Fläche über die Höhen des Nutscheid und des Leuscheid erstreckt. Besonders hervorzuheben sind die Naturschutzgebiete „Wälder auf dem Leuscheid", das Rosbachtal sowie die „Ehemalige Siegschleife bei Dreisel".

Windeck ist insgesamt eine typische Landgemeinde im positiven Sinne: Niedrige Bau- und Bodenpreise, eine intakte Umwelt und die aufgrund der verbesserten Infrastruktur – auch im Freizeit- und Fremdenverkehrsbereich – erhöhte Attraktivität des ländlichen Raumes sind die Vorzüge, die Windeck lebens- und liebenswert machen. ■

Broichmühle Villip in der Gemeinde Wachtberg

Siegtaldom in Windeck

Museen im Rhein-Sieg-Kreis – spannend und abwechslungsreich

Katja Eschmann

So vielfältig wie der Rhein-Sieg-Kreis sind auch seine Museen. Begibt man sich auf die museale Reise durch das Kreisgebiet, so wird man vielerorts bisher ungeahnte Sammlungen und Schätze entdecken und auf diese Weise auch den abwechslungsreichen Kreis rund um die Stadt Bonn einmal neu kennen lernen.

Beginnen wir unsere kleine Entdeckungstour in Bad Honnef. Das dort weitgehend im Originalzustand erhaltene Wohnhaus des ersten Kanzlers der Bundesrepublik Deutschland mit einer angeschlossenen Ausstellung lässt insbesondere die Geschichte der Nachkriegsjahre lebendig werden. In dem 1936/37 errichteten Gebäude lebte Konrad Adenauer bis zu seinem Tod am 19. April 1967.

Die Historie der ältesten Titularstadt Deutschlands präsentiert das Turmmuseum in Hennef-Stadt Blankenberg. Lokale Originaldokumente, ein angegliedertes Weinbaumuseum sowie ein maßstabsgetreues Modell der Stadt, die 1934 durch Eingliederung in die Gemeinde Geistingen ihre Stadtrechte verlor und den Namen „Stadt Blankenberg“ nun nur noch in Erinnerung an frühere Zeiten trägt, dokumentieren dort die Spuren der Vergangenheit.

In Königswinter, am Fuße des Siebengebirges, kann man im gleichnamigen Siebengebirgsmuseum nicht nur die graphische Sammlung der Stiftung Heisterbach bewundern, sondern auch die vielen Facetten des Gebirges kennen lernen. Der Sage nach entstand es, als die sieben Riesen ihre Spaten von Erde und Steinen befreiten, nachdem sie dem Rhein ein neues Flussbett gegraben hatten. Aber nicht nur die Entstehung der Landschaft und die Regionalgeschichte sind Schwerpunktthemen des Museums, sondern auch Schifffahrt, Weinbau und Tourismus.

Auf halber Höhe zum ebenfalls sagenumwobenen Drachenfels erreicht der Museumsbesucher Schloss Drachenburg und kann von dort aus Rheinromantik pur erleben. Das herrliche Panorama und auch das integrierte Museum für gründerzeitliche Wohnkultur laden zum Genießen und Entdecken ein. Wem es gelungen ist, sich von dem herrlichen Ausblick, den der Nordturm des Schlosses ermöglicht, abzuwenden, dem bietet die Nordrhein-Westfalen-Stiftung Naturschutz, Heimat- und Kulturpflege mit ihrem 2002 in der Vorburg des Schlosses eingerichteten Museum Einblicke in die Geschichte und die Aktivitäten des Naturschutzes.

Das Heimatmuseum Brückenhof in Königswinter, ein ehemaliges Weingut, belohnt die Besucher zwar nicht mit einer Weinprobe, lässt sie aber einen Blick in historische Räume, auf eine Sammlung von Steinmetz- und Steinbruchwerkzeugen, zahlreiche Gruppenbilder aus dem 19. Jahrhundert sowie Exponate zur Heisterbacher Talbahn werfen. Ein Weinwanderweg führt von dort zum Zisterzienserkloster Heisterbach. Die Klosterlandschaft und die Chorruine der Abtei Heisterbach laden stets zu einem Besuch ein – nicht nur zu den dort stattfindenden zahlreichen kulturellen Aktivitäten.

Königswinter erschließt dem Einheimischen und Fremden aber nicht nur die eigene Kulturlandschaft, sondern auch die von Schlesien. Das Museum für schlesische

Einen interessanten Einblick in die Geschichte des Naturschutzes bietet die Vorburg der Drachenburg in Königswinter.

Landeskunde im Haus Schlesien verfügt über eine umfangreiche Sammlung von Silberschmiedearbeiten, Gläsern und Porzellan aus dieser Region – einige Objekte stammen aus dem mit dem Rhein-Sieg-Kreis eng verbundenen Kreis Bunzlau.

Im Glasmuseum Rheinbach kann man die Entwicklung der böhmischen Glasherstellung und -veredelung entdecken. Das 1968 eröffnete Museum zeigt Gläser aus dem Barock, Biedermeier, Historismus, dem Jugendstil und Art déco. Auch Exponate aus Rheinbach sind dort zu bewundern – aus der Stadt, die sich durch die Ansiedlung aus der Heimat vertriebener deutscher Glasveredeler in den frühen Nachkriegsjahren zur Stadt des Glases entwickelte.

Über 30 Kutschen und Schlitten hat

Das Heimatmuseum in Windeck

Die hohe Kunst der Glasherstellung und -veredelung zeigt das Glasmuseum in Rheinbach.

Franz Mostert in seinem Kutschenmuseum in Rheinbach gesammelt. Die besonderen Stücke, die alle zwischen 1830 und 1910 gebaut wurden, stammen nicht nur aus Deutschland, sondern auch aus England, Frankreich, Dänemark, Holland und den USA.

Im Geburtshaus des wahrscheinlich berühmtesten Sohnes der Kreisstadt Siegburg, Engelbert Humperdinck, wurde 1990 das Siegburger Stadtmuseum eröffnet. Es dokumentiert neben dem Leben des Komponisten, der mit der Märchenoper Hänsel und Gretel berühmt wurde, auch die Geschichte der Stadt von der Frühzeit bis in die Gegenwart.

Wer etwas über die geschichtliche Entwicklung des Michaelsberges und das Wirken von Rupert von Deutz, der im 12. Jahrhundert als Mönch in Siegburg lebte, erfahren möchte, macht sich auf den Weg zur Benediktinerabtei und kann dort auch gleichzeitig den nach einem geheimen Rezept von den Mönchen hergestellten Abteilikör probieren. Wer dann noch den Aufstieg auf den Turm der Abtei wagt, wird mit einem fantastischen Blick über Siegburg und die Umgebung belohnt.

Stücke der Bunzlauer Töpferkunst und Kulturgut, das über Kriegswirren und Vertreibung hinweg nach Deutschland gerettet werden konnte, finden sich in der Heimatstube der Bundesheimatgruppe Bunzlau. Auch Notgeld aus Papier und Ton, alte Ansichtskarten aus der Stadt und dem Kreis Bunzlau sowie die letzte Ausgabe des Bunzlauer Stadtblattes vom Februar 1945 geben dem Besucher die Gelegenheit, Geschichte zu erleben.

Ein Besuch des Museums der Bergheimer Fischereibruderschaft in Troisdorf bietet ein Natur- und Geschichtserlebnis zugleich. Der Besucher kann dort nicht nur die Fanggewässer, ein altes Fischerboot sowie die Fischarten im Fanggebiet entdecken, sondern auch das Fischerei-, Fangnetze- und Korbmacherhandwerk erkunden.

Das Bilderbuchmuseum der Stadt Troisdorf begeistert nicht nur Janosch-Fans. In jährlich mehrmals wechselnden Ausstellungen zeigt das weltweit größte Janosch-Zentrum eine 8000 Blatt umfassende Sammlung von Bilderbuch-Originalillustrationen. Abgerundet wird das Angebot u. a. durch die historische Kinder- und Jugendbuchsammlung von Professor Dr. Brüggemann sowie die Rotkäppchen-Sammlung des Schweizer Ehepaares Elisabeth und Richard Waldmann.

Die Grube Silberhardt in Windeck wurde 1999 für Besucher zugänglich gemacht.

In der östlichsten Gemeinde des Rhein-Sieg-Kreises, in Windeck, wurde 1994 im Wohnhaus des jüdischen Altwarenhändlers Max Seligmann die Gedenkstätte Landjuden an der Sieg eingerichtet, die neben Schrift- und Bildmaterial zur Entstehung, Entwicklung und Vernichtung der jüdischen Gemeinden entlang der Sieg auch religiöse Kultgegenstände zeigt.

Wer einmal dem Bergbau in der Region auf den Grund gehen möchte, dem bietet die Grube Silberhardt hierzu alle Möglichkeiten. Die auf das Mittelalter zurückgehende Grube wurde seit 1997 wieder hergerichtet und nur zwei Jahre später für den Besucherverkehr freigegeben.

Letzte Station unserer in Bad Honnef begonnenen Museumsexpedition ist das Heimatmuseum Windeck. Bäuerliche Geräte, eine Mühle und ein Steinbackofen, ein Schulraum sowie ein Tante-Emma-Laden laden zu einem Besuch ein. Auf dem Museumsgelände gibt es Fachwerkhäuser und Scheunen aus der näheren Umgebung zu erforschen, die dort wieder aufgebaut wurden. Sie beinhalten u. a. einen „Backes“, eine Schreinerei sowie eine rekonstruierte Göpelmühle. Macht sich der Besucher von dort aus zur Burgruine Windeck auf, um seine Reise mit einem Blick über weite Teile der Gemeinde zu krönen, so entdeckt er am Wegesrand eine Wassermühle, die durch den Altwindecker Bach angetrieben wird. ■

Gelebte Kultur – Kunst und Konzerte

Rainer Land

Groß und vielgestaltig ist der Rhein-Sieg-Kreis. Rund 600 000 Menschen leben hier in 19 Städten und Gemeinden in direkter Nachbarschaft zu den Großstädten Köln und Bonn. Ebenso umfangreich und vielgestaltig ist das Kulturleben an Rhein und Sieg: eigenständig, kraftvoll, gleichermaßen geprägt von reicher Tradition und regionaler Eigenart wie von der Ausstrahlung der Kunst- und Kulturmetropolen nebenan und dem Motto alle Ehre machend, mit dem der Kreis einmal für sich warb: „Bunter Rhein-Sieg-Kreis".

Abteikonzert im Rahmen des Rhein-Sieg-Kammermusikfestivals

Aus der Fülle des Angebots auszuwählen und einiges daraus vorzustellen, bedeutet vielfach, denen Unrecht zu tun, die nicht erwähnt werden. Ganz besonders gilt das dort, wo bürgerschaftliches Engagement das Kulturleben prägt, wo sich Vereine, Gruppen, Initiativen und Einzelpersonen um die Kunst verdient machen – und das ist überall im Rhein-Sieg-Kreis der Fall. Ob Musik, Literatur, Theater, Malerei, Kabarett – es gibt kein Feld der Kultur, das nicht auf diese Weise beackert wird und gerade dadurch oft besonders reiche Frucht trägt.

Dieser Ansatz „von unten" oder „aus der Mitte" bringt es mit sich, dass diejenigen, die Kultur schaffen, nicht weit von denjenigen sind, für die sie dies tun. In vielfältiger Weise werden sie dabei unterstützt durch die Städte und Gemeinden und deren Kulturämter bzw. -büros, aber auch durch Initiativen der Wirtschaft und durch Stiftungen. Hier verdient die Kreissparkasse Köln eine besondere Erwähnung, deren „Stiftung für den Rhein-Sieg-Kreis – Stiftung für Sport, Kunst, Kultur, Natur und Umwelt" sowie die „Kultur-, Sport- und Jugendstiftung in den Städten und Gemeinden des Rhein-Sieg-Kreises" zu den wirkungsvollen Förderern des Kulturlebens an Rhein und Sieg zählen. Sie unterstützen viele Projekte vor Ort und fördern den Nachwuchs, treten aber auch selbst als Veranstalter in Erscheinung, wie mit der „Klassik-Bühne Rhein-Sieg" und dem jährlich stattfindenden „Rhein-Sieg-Kammermusikfestival". Ein Beispiel für das Engagement der Wirtschaft ist die Veranstaltungsreihe „Wildwuchs" der Rhenag in Siegburg.

Die reiche Museumslandschaft des Rhein-Sieg-Kreises wird in einem anderen Beitrag ausführlich dargestellt. Über ihren jeweiligen Sammlungsschwerpunkt hinaus bereichern diese Einrichtungen das Kulturleben mit vielfältigen Wechsel- und Sonderausstellungen. Ein ambitioniertes Ausstellungs- und Veranstaltungsprogramm zeigt – mit Unterstützung des Kreises – auch der Kunstverein für den Rhein-Sieg-Kreis in seinem Kunst- und Ausstellungshaus „Pumpwerk" in Siegburg. Viele Galerien und Ateliergemeinschaften bieten ebenfalls der bildenden Kunst breiten Raum.

In der Förderung der bildenden Kunst sieht auch der Rhein-Sieg-Kreis einen

Schwerpunkt seiner Kulturarbeit. Aus dem seit 1979 zehnmal verliehenen Kunstpreis des Rhein-Sieg-Kreises ist 2002 der „Rheinische Kunstpreis" hervorgegangen. Er wird vom Kreis in Kooperation mit dem Rheinischen Landesmuseum Bonn vergeben und zählt zu den höchst dotierten Kunstpreisen in Deutschland. Sonia Knopp aus Köln (2002) und Gabriele Pütz aus Bad Honnef (2004) sind die beiden ersten Trägerinnen des Preises, der an Künstlerinnen und Künstler aus dem gesamten Rheinland und den Partnerregionen des Rhein-Sieg-Kreises in Frankreich und Polen verliehen werden kann.

Kunst wird im Rhein-Sieg-Kreis auch gelehrt und gelernt. Mit der Alanus-Hochschule in Alfter hat die einzige deutsche private Kunsthochschule mit staatlicher Anerkennung ihren Sitz im Kreisgebiet. Unterstützt durch Finanzmittel des Bundes zum Ausgleich der negativen Auswirkungen des Berlin-Umzugs sind an der Alanus-Hochschule „Werkhäuser" entstanden, die breit angelegte kulturelle Bildungsaktivitäten über den Hochschulbetrieb hinaus ermöglichen.

Diese so genannten Ausgleichsmittel haben in Siegburg die Errichtung der „Engelbert-Humperdinck-Musikwerkstatt" und der „Engelbert-Humperdinck-Stiftung" möglich gemacht, die sich der Förderung zeitgenössischer Musik sowie junger Musiker und Komponisten widmen und sich für die Musikforschung engagieren. Der Name des in Siegburg beheimateten bekannten Komponisten Engelbert Humperdinck steht auch über dem jährlich in der Kreisstadt stattfindenden Musikfestival.

Mit der Region Bonn/Rhein-Sieg ist der Name eines anderen Komponisten von Weltrang untrennbar verbunden: Ludwig van Beethoven. Ihrem großen Sohn widmet die Bundesstadt Bonn ein international beachtetes Musikfest. Seit dessen Wiederbegründung 1999 finden mit Unterstützung des Rhein-Sieg-Kreises Jahr für Jahr auch hochwertige Konzerte im Kreisgebiet statt, die zu den Höhepunkten der Konzertsaison gehören.

Jedem Geschmack, jedem Anspruch wird das Kulturleben im Rhein-Sieg-Kreis gerecht. Kunst und Kultur präsentieren sich in lebendiger Vielfalt als ein Gütezeichen unseres Kreises. ■

Die Engelbert-Humperdinck-Stiftung und die Engelbert-Humperdinck-Musikwerkstatt widmen sich der Förderung zeitgenössischer Musik und junger Komponisten sowie Musiker.

Burgen, Schlösser, Fachwerkbauten – sehenswerte Baudenkmäler

Professor Dr. Helmut Fischer

Der Rhein-Sieg-Kreis ist getrennt durch den Rhein und heute im Wesentlichen eine Region, die aus Teilen des ehemaligen Herzogtums Berg und des kurkölnischen Amtes Wolkenburg rechts des Stroms und den ehemaligen Gebieten des Kurfürstentums Köln auf dem linken Ufer besteht.

Die landschaftliche Vielfalt des rechtsrheinischen Kreisgebietes mit ihren Höhen, Taleinschnitten und Niederungen bildet sich in den Befestigungsbauten ab. Diese dienten im Mittelalter der Sicherung der Landesherrschaft.

Auf einem Felssporn über dem Siegtal erhebt sich die zweiteilige und mit der bürgerlichen Siedlung zu einer mächtigen Landesbefestigung verbundene Burg Stadt Blankenberg (Hennef). Um 1150 von den Grafen von Sayn gegründet und 1245 zur Stadt erhoben, erinnern die Ruinen, Mauern und Türme an die einstige Wehrhaftigkeit. Von der Burg Windeck (Windeck-Altwindeck) blieben nur Reste der Hauptburg aus dem 15. Jahrhundert erhalten. Die östliche Außenmauer des Palas wurde wieder aufgebaut. Um 1140 wurde mit dem Bau der Burg Drachenfels (Königswinter) begonnen. Heute ragt die Ruine über dem Rhein weit über das Siebengebirge ins Land hinein. Von der Löwenburg (Bad Honnef), einer langgestreckten Anlage der Grafen von Sayn auf einer Höhenkuppe des Siebengebirges, sind nur noch Reste der Hochburg des 13. Jahrhunderts und des Zwingers vorhanden. Mit Restaurierungen wurde versucht, den Gesamteindruck wieder zu beleben.

Eine wichtige Rolle für die Sicherung und die Verwaltung des Landes hatten die befestigten Wohnsitze des niederen Adels, der Ministerialen und Ritter. Die Burg Welterode (Eitorf), malerisch im Eipbachtal gelegen, wird erstmals im 13. Jahrhundert erwähnt. Das wasserumwehrte Burghaus, ein dreigeschossiger Putzbau, entstammt dem 16. Jahrhundert. Schloss Allner (Hennef) auf einer Terrasse über dem Siegtal, dessen Herrenhaus aus Bruchstein im 16. und 17. Jahrhundert errichtet wurde, verlor um 1700 die Wasserumwehrung und wurde zu einer repräsentativen Schlossanlage ausgebaut. Schloss Auel im Aggertal (Lohmar-Wahlscheid) – heute ein Hotel – ging aus einem im 15. Jahrhundert bezeugten Rittersitz hervor. Von der ehemals stattlichen Burg Sülz (Lohmar), einer um 1075 erwähnten Wasseranlage, sind lediglich der von Ecktürmen flankierte Westflügel und eine Fachwerkscheune erhalten geblieben. Haus Overbach (Much), ein Rittersitz des 12. Jahrhunderts, erscheint als Kastenbau des 16. Jahrhunderts aus Bruchstein unter einem steilen Walmdach. Die Burg Herrenstein (Ruppichteroth) ist eine zweiteilige Anlage des 14. Jahrhunderts auf einem Felssporn im Bröltal, deren heutiges Erscheinungsbild im 18. Jahrhundert und zuletzt im 20. Jahrhundert entstand. Von der Burg Lülsdorf (Niederkassel), im 13. Jahrhundert erwähnt, wurden im letzten Jahrhundert der Palas sowie der gewaltige fünfgeschossige Wohnturm mit Pyramidendach wieder errichtet. Von der wasserumwehrten Burg Wissem (Troisdorf) überdauerte das im Kern barocke Herrenhaus und ein langgestreckter zweigeschossiger Bruchsteintrakt von 1550. Im Hauptgebäude ist das Bilderbuchmuseum der Stadt

Fortsetzung Seite 42

Burg und bürgerliche Siedlung Stadt Blankenberg bei Hennef

Burg Wissem in Troisdorf: Im Hauptgebäude ist das Bilderbuchmuseum der Stadt untergebracht.

In der Buchhandlung finden interessierte Besucher neben religiöser Literatur auch Kunsthandwerkliches.

Auf einen Blick

Gründungsjahr: 1064

Die Benediktinerabtei Michaelsberg ist das Wahrzeichen von Siegburg hoch über der Stadt. Heute findet der Besucher dort ein gemütliches Café-Restaurant, ein Hotel, ein Jugendgästehaus, ein Museum und eine Buch- und Kunsthandlung vor.

Wir über uns:
Verein der Benediktinerabtei Michaelsberg

Die Benediktinerabtei auf dem Michaelsberg liegt auf einem 40 Meter hohen Bergkegel und prägt weithin sichtbar das Stadtbild von Siegburg. Die Abtei wurde bereits im Jahr 1064 durch Erzbischoff Anno von Köln gegründet und war wenige Jahre später Zentrum der Reformbewegung im Mittelalter. Im Jahr 1183 wurde Erzbischoff Anno von Köln heilig gesprochen und der so genannte Annoschrein geschaffen.

1803 hob Napoleon die Abtei auf. In den Jahren von 1813 bis 1914 wurden die Gebäude zeitweise als Kaserne, Irrenanstalt und Zuchthaus genutzt, bevor die Abtei durch den Benediktinerorden erneut besiedelt wurde. Nach erheblichen Zerstörungen durch Bombenangriffe während des Zweiten Weltkrieges wurde das Kloster 1945 wieder aufgebaut und das klösterliche Leben nahm einen neuen Anfang. Das Abteimuseum zeigt viele Exponate aus der wechselvollen und bewegten Geschichte bis heute.

Heute steht die Benediktinerabtei Michaelsberg allen Menschen offen und lädt zu einem Besuch ein. Selbst einige Gästezimmer stehen zur Verfügung. In der eigenen Buch- und Kunsthandlung finden Interessierte ein vielfältiges Angebot an religiöser Literatur und Kunsthandwerk.

Eine besondere Spezialität der Benediktinerabtei Michaelsberg ist der nach alten, überlieferten Rezepturen hergestellte Siegburger Abtei-Liqueur – der Kräuter-Liqueur ist bekannt als „Kleinod aus der Kloster-Apotheke". Das Café-Restaurant Abtei-Stuben verwöhnt den Gast mit seinem gemütlichen Ambiente und seiner hervorragenden Küche. Im Sommer auf der Sonnenterrasse ist ein Besuch besonders zu empfehlen. Angeschlossen an die Abtei-Stuben ist ein Hotel in außergewöhnlich ruhiger Lage mit insgesamt zwölf behaglichen Zimmern. Das Jugendgästehaus St. Maurus steht vor allem größeren Gruppen, wie zum Beispiel Schulklassen, zur Verfügung.

Nach einer größeren Umbaumaßnahme werden seit 1997 der Nordflügel sowie große Teile des Westflügels vom Erzbistum Köln als Exerzitienhaus genutzt.

Verein der Benediktinerabtei Michaelsberg Siegburg

Troisdorf untergebracht. Ein Schlossbau der jüngeren Zeit ist die Drachenburg am Aufstieg zum Drachenfels (Königswinter). 1882/84 wurde das Herrenhaus aus zweigeschossigen Wohnbauten errichtet. Das Gebäude hebt sich mit seiner vieltürmigen Silhouette im historisierenden Stil deutlich von der Kulisse des Siebengebirges ab.

Ein typisches Kennzeichen des linksrheinischen Kreisgebiets stellen die zahlreichen Burgen dar. Sie liegen meistens im Tiefland und weisen die Merkmale von Wasserburgen auf. Die Burgen gerieten im Lauf der Jahrhunderte in den Sog der kulturellen und politischen Entwicklung, verloren nach und nach ihren eher bäuerlichen und wehrhaften Charakter und wurden in schlossähnliche Landsitze umgewandelt.

Die Burg Hemmerich (Bornheim), die im 13. Jahrhundert nachzuweisen ist, erfuhr im Barock zu Beginn des 18. Jahrhunderts eine völlige Umgestaltung und verfiel nach einem Brand 1945 zur Ruine. Einer der ältesten Dynastensitze im Vorgebirge und kurkölnisches Lehen war die Burg Rösberg (Bornheim), deren mittelalterlicher Bau im 18. Jahrhundert durch ein Schloss mit Blick auf den Rhein ersetzt wurde. Die Kitzburg (Bornheim-Walberberg) war von 1472 bis 1600 der Sitz des kurkölnischen Amtmanns von Brühl. Umgeben von Wassergräben und einer Gartenanlage lässt sich an dem massigen Baublock des 17. Jahrhunderts italienischer Einfluss wahrnehmen. Von der Wolfsburg (Bornheim-Roisdorf), einer ehemals wasserumwehrten Anlage, haben lediglich das aus dem Spätmittelalter stammende und 1626 umgebaute Herrenhaus und der Torturm der Vorburg überdauert.

Am Südrand des Kottenforstes stellt sich die Burg Lüftelberg (Meckenheim) als eine im Kern mittelalterliche Wasseranlage dar. Die Burg Rheinbach (Rheinbach) wurde in der zweiten Hälfte des 12. Jahrhunderts am Nordrand der Eifel erbaut und später in die Stadtbefestigung einbezogen. Der so genannte Hexenturm ist der ehemalige Bergfried der Burg. Das befestigte Gut Peppenhoven (Rheinbach) befand sich 893 im Besitz der Abtei Prüm. Die zweiteilige Wasseranlage wird beherrscht von einem stattlichen Herrenhaus von 1697. Am Rande der Voreifel ragt der staufische Bergfried der Tomburg (Rheinbach) über der Swistniederung auf. Als pfalzgräfliche Befestigung aus dem 10. Jahrhundert wurde sie zur Herrschaft Tomburg ausgebaut.

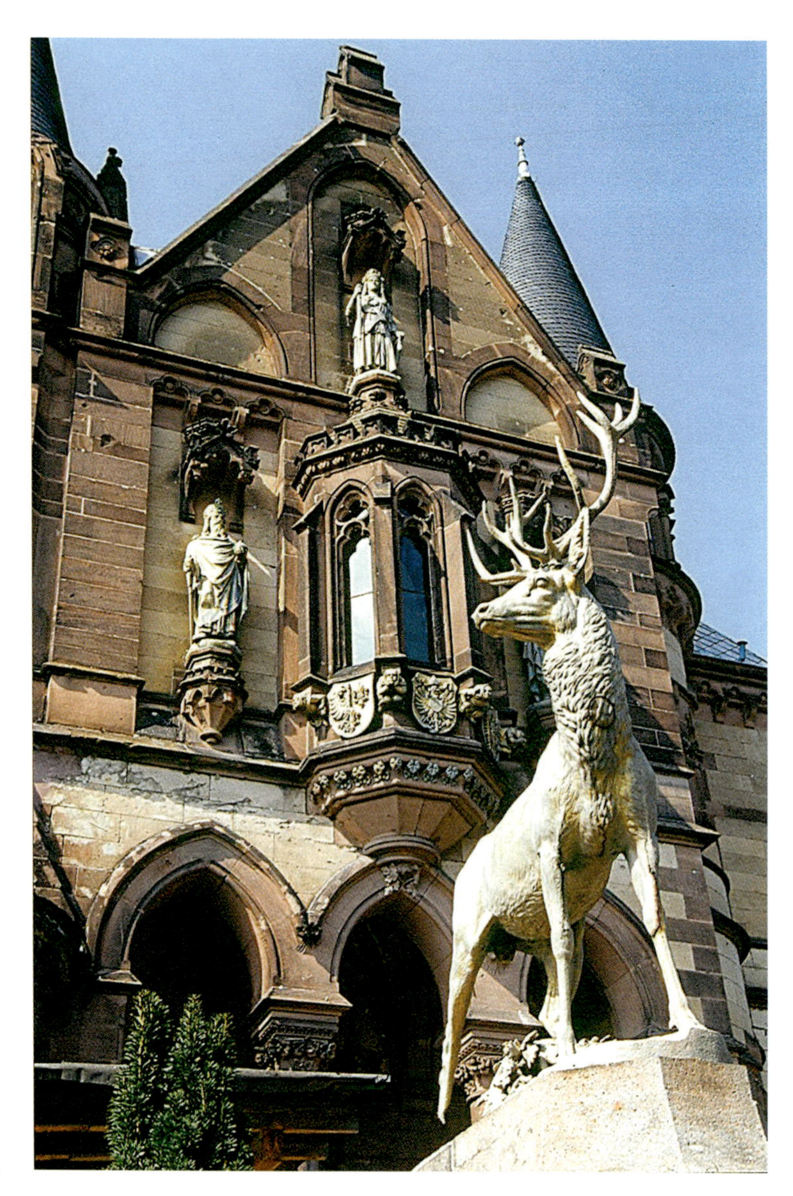

Die Drachenburg ist ein Schlossbau aus dem späten 19. Jahrhundert.

Die Burg Heimerzheim (Swisttal) ist ein zweiteiliger, wasserumwehrter Bau des 16. Jahrhunderts im Swistbachtal. Die dreiflügelige Hauptburg und die Vorburg sind durch steinerne Brückenbogen miteinander verbunden. Der zweigeschossige Winkelbau der Burg Kriegshoven (Swisttal) stammt im Wesentlichen aus dem 16. Jahrhundert. Er wurde im 19. Jahrhundert zu einer Dreiflügelanlage erweitert. Haupt- und Vorburg der Burg Morenhoven (Swisttal) sind über

Burg Heimerzheim ist eines der typischen Wasserschlösser im Rhein-Sieg-Kreis.

steinerne Bogenbrücken zugänglich. Das dreiflügelige barocke Herrenhaus umschließt einen kleinen Binnenhof. Das Schloss Miel (Swisttal) ist eine zweiteilige Anlage des 18. Jahrhunderts. Die frühere Burg wurde durch einen Brand zerstört und 1770 durch einen frühklassizistischen Neubau ersetzt.

Haupt- und Vorburg der Wasseranlage Burg Odenhausen (Wachtberg-Berkum) sind über Bogenbrücken erreichbar. Das Haupthaus, ein aufwändiger Winkelbau aus verputztem Bruchstein, wurde im 18. Jahrhundert umgebaut. Das Schloss Gudenau (Wachtberg-Villip) ist aus schlichten Bauten des 13. bis 18. Jahrhunderts zusammengewachsen. Die wasserumwehrte Anlage besteht aus dem Herrenhaus, einem gotischen Vierflügelbau des 16. Jahrhunderts, sowie zwei Vorburgen mit mächtigem Torturm und Flankiertürmen. Das Schloss Adendorf (Wachtberg) zeigt italienischen Einfluss beim Herrenhaus, einer stattlichen Vierflügelanlage des 17. Jahrhunderts. Von der Burg Münchhausen (Wachtberg-Adendorf) stehen aus dem 13. Jahrhundert noch die nach außen gerundete Mauer mit rundem Eckturm und der mächtige runde Bergfried.

Fachwerkgebäude, Häuser, Scheunen und Ställe belebten seit dem 19. Jahrhundert die Dörfer und Weiler in den Höhengebieten. Es handelt sich zumeist um schlichte Bauten in offener Bauweise, die mitunter ins 17. und 18. Jahrhundert zurückreichen. Allerdings sind die Verluste erheblich. Fachwerkensembles sind heute kaum noch vorhanden. Im Tiefland sind Fachwerkhäuser und Fachwerkgehöfte weithin bemerkenswerte Einzelstücke. In Stadt Blankenberg (Hennef) umgeben einige Fachwerkhäuser den Markt. Neben den barocken Steinbauten treten in der Hauptstraße von Königswinter die Fachwerkgebäude der ehemaligen Winzerhöfe aus dem 17. und 18. Jahrhundert hervor. Das Straßendorf Rhöndorf (Bad Honnef) am Fuße des Drachenfelses zeigt noch einige barocke Fachwerkhäuser und Fachwerkbauten des 19. Jahrhunderts. Der Dorfkern von Rommersdorf (Bad Honnef) besitzt einige bescheidene Fachwerkwinzergehöfte,

Das Wasserschloss Gudenau vereint zahlreiche Baustile aus verschiedenen Jahrhunderten.

und auch in Sieglar (Troisdorf) fallen im Ortskern einige Fachwerkhäuser auf. Die Hauptstraße in Rheinbach zeichnet sich durch eine Reihe schöner Fachwerkgiebel und Fachwerkhäuser des 17. und 18. Jahrhunderts aus. In Oberdrees (Rheinbach) bilden einige Fachwerkhäuser aus dem 17. und 18. Jahrhundert eine geschlossene Zeile. Im Dorf Altwindeck (Windeck) wurde versucht, der Siedlung durch Pflege und Ersetzung von Fachwerkbauten einen besonderen Charakter zu geben. Der Erhalt gerade von Fachwerkgebäuden ist eine besondere Aufgabe der Denkmalpflege. ■

Fachwerkhof in Alt-Windeck

Rhein-Sieg-Kreis – Wirtschaftsstandort im Herzen Europas

Dr. Hermann Tengler

Die Entwicklung einer Region wird wesentlich davon bestimmt, wie ihr die Bewältigung der strukturpolitischen Herausforderungen gelingt, mit der sie konfrontiert ist. Der Rhein-Sieg-Kreis stand in der Vergangenheit vor einer zweifachen Herausforderung: den allgemeinen, stark durch die Globalisierung bedingten Strukturwandel von der Industrie- zur Dienstleistungswirtschaft zu gestalten, und zum anderen die aus der Hauptstadtverlagerung nach Berlin resultierenden Arbeitsplatzverluste durch Schaffung neuer Arbeitsplätze in der Wirtschaft zu kompensieren.

Allen einschlägigen Indikatoren zufolge hat der Rhein-Sieg-Kreis diesen „doppelten" Strukturwandel erfolgreich bewältigt. Mit einem Zuwachs von rund 90 000 Einwohnern, 11 000 sozialversicherungspflichtig Beschäftigten und 20 000 Betrieben gehört der Rhein-Sieg-Kreis zu den Regionen, die sich seit Anfang der neunziger Jahre in Deutschland mit am besten entwickelt haben.

Die hohe Wachstumsdynamik im Rhein-Sieg-Kreis hat vielfältige Gründe. Wesentliche Ursachen sind die günstige, von vielen kleinen und mittleren Betrieben geprägte Wirtschaftsstruktur, das hervorragende Angebot an Bildung, Wissenschaft und Forschung und damit einhergehend die hohe Qualifikation der Arbeitskräfte in der Region. Ihre Vorzüge auch als Wohn-, Freizeit- und Kulturstandort sowie – ganz generell – die Veränderungsbereitschaft und die Veränderungsfähigkeit, mit der Bevölkerung und Wirtschaft die enormen Herausforderungen des Strukturwandels angenommen haben, sind weitere Aspekte.

Von herausragender Bedeutung für die Attraktivität des Rhein-Sieg-Kreises als Wirtschaftsstandort ist seine Lage – und dies sowohl aus regionaler wie auch aus überregionaler, internationaler Sicht. Regional betrachtet, stellt vor allem die unmittelbare Nachbarschaft zu den attraktiven Städten Bonn und Köln einen gewichtigen Standortvorteil dar. Die Umlandregionen von Oberzentren sind die Gewinner der regionalen Entwicklung in Deutschland. Hier zieht die Bevölkerung hin, hier siedeln sich Unternehmen an, weil sie von der Nähe zu den Zentren profitieren, ohne gleichzeitig deren Agglomerationsnachteilen in Form hoher Preise, knapper Flächen und verkehrlicher Überbelastungen in gleichem Maße ausgesetzt zu sein. Der Rhein-Sieg-Kreis verfügt insofern aus seiner unmittelbaren räumlichen Nähe zu gleich zwei Oberzentren über eine zweifache Lagegunst.

Der Rhein-Sieg-Kreis grenzt aber nicht nur an Bonn und Köln, er liegt auch mitten in Deutschland und mitten in Europa. Die Nähe seiner Unternehmen zu Kunden, Lieferanten und Partnern ist damit zugleich sein vielleicht wichtigster Standortvorteil. Allein innerhalb eines Radius von 150 Kilometern liegt ein Markt von deutlich mehr als 20 Millionen Einwohnern. Deutsche Großstädte wie Hamburg, Berlin oder München kommen im Vergleich dazu auf erheblich niedrigere Werte. Erweitert man den Radius auf 500 Kilometer, so werden darin vom Rhein-Sieg-Kreis aus rund 40 Prozent der Einwohner der Europäischen Union und ein Marktgebiet, das fast zwei Drittel des europäischen Bruttoinlandsprodukts ausmacht, erreicht.

Fortsetzung Seite 53

Firmensitz der ETEC in Lohmar

Wir über uns: ETEC Gesellschaft für Technische Keramik mbH

ETEC hat sich seit seiner Gründung als wichtigster und einer der größten Hersteller für Verschleißschutz-Keramik in Europa am Markt durchgesetzt. Schon im Mittelalter war Keramik aus Siegburg wegen ihrer Qualität sehr bekannt.

Heute findet ETEC-Keramik Anwendung im Verschleiß- und Korrosionsschutz für Auskleidungen in der Prozess- und Fördertechnik. Die keramische Auskleidung wird passgenau hergestellt und montiert. Wachsende Exporte – vor allem nach Nord- und Südamerika sowie nach Asien – zeigen, dass ETEC den Vergleich auch im Welt-

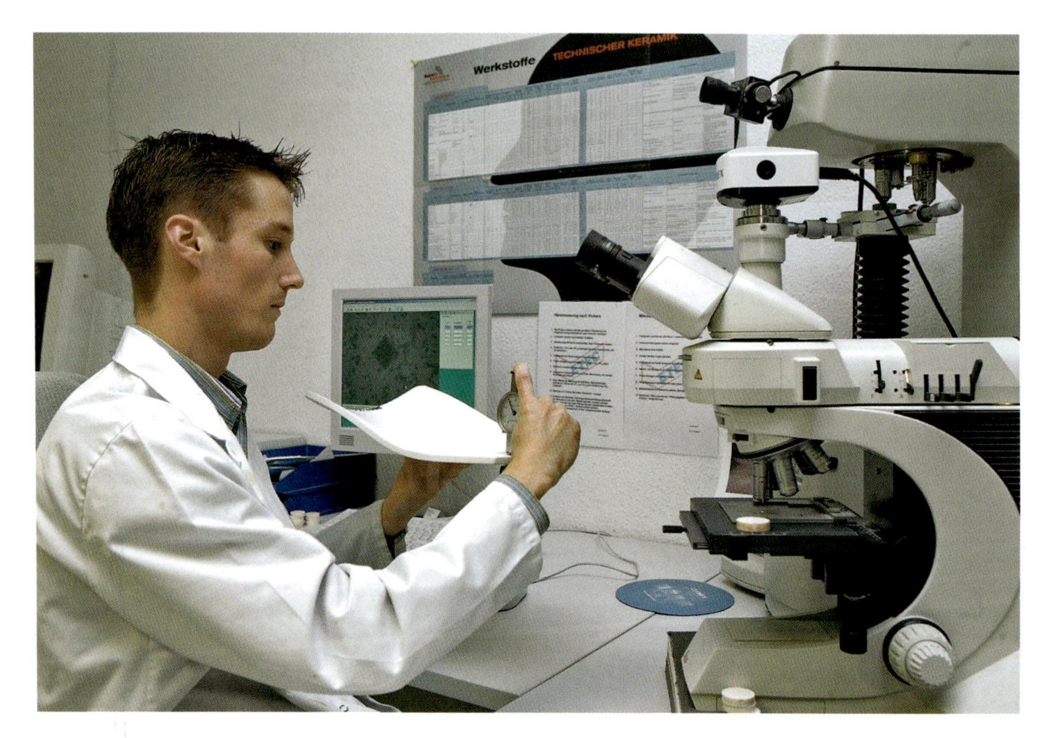

Sämtliche Produkte werden einer umfassenden Qualitätskontrolle unterzogen.

In den Brennöfen erhalten die keramischen Werkstoffe ihre Festigkeit.

maßstab nicht zu scheuen braucht. Nicht umsonst steht der Name ETEC heute auf der Liste der TOP 100 Unternehmen in Nordrhein-Westfalen.

Voraussetzungen für den internationalen Erfolg sind ein vorbildliches kunden- und anwendungsbezogenes Projektmanagement, eine moderne und wirtschaftliche Produktion sowie das qualitäts- und leistungsorientierte Marketing. Prozess-Sicherheit vom Pulver bis zum Endprodukt bestimmen Kosten und Qualität. Bei ETEC wird diese Prozesskette ganzheitlich betrachtet. Logische Konsequenz dieser Unternehmensphilosophie war die Zertifizierung nach DIN EN ISO 9001.

Einsatzgebiete von ETEC-Produkten sind die Branchen Anlagen- und Maschinenbau, Grundstoff-, Stahl-, Chemie- und Nahrungsmittelindustrie, Energie-, Aufbereitungs-, Recycling- und Umweltschutztechnik. Immer größere Bedeutung gewinnt die Keramik im ballistischen Schutz von Fahrzeugen und Personen. Auch hier befinden sich ETEC-Keramiken im weltweiten Friedenseinsatz.

Ein besonderes Geschäftsfeld hat sich ETEC im Herbst 2004 erobert. Seither werden auch Anlaufspuren für Skischanzen mit Spezialkeramik-Noppen belegt. Was zunächst als reines Imageprojekt gedacht war, schlug fantastisch ein. Die weltweit bekannte Skisprungschanze im österreichischen Bischofshofen wurde mit diesen Spezialkeramik-Noppen ausgestattet. Damit nicht genug: Auch der Auftrag für die Keramiklaufbahn für die olympischen Schanzen in Turin 2006 ging an das innovative Unternehmen aus Lohmar.

Auf einen Blick

Gründungsjahr: 1981

Mitarbeiter:
108 in Lohmar sowie 15 im amerikanischen Zweigwerk

Leistungsspektrum:
Entwicklung und Fertigung von Verschleißschutz-Keramik in Form von
- Platten
- Steinen
- monolithischen Bauteilen
- Verbundkonstruktionen

Kundenspektrum:
Anlagen- und Maschinenbau, Grundstoffindustrie, Stahlindustrie, Chemische Industrie, Nahrungsmittelindustrie, Energieschutztechnik, Aufbereitungsschutztechnik, Recyclingschutztechnik, Umwelzschutztechnik, ballistischer Schutz von Fahrzeugen und Personen

■

ETEC Gesellschaft für Technische Keramik mbH, Lohmar

Wir über uns: REMONDIS GmbH Rheinland

Die REMONDIS GmbH Rheinland ist ein eigenständiges, regionales Unternehmen der REMONDIS AG & Co. KG. Als Dienstleistungsunternehmen der Kreislaufwirtschaft, dessen Leistungsspektrum von der Erfassung, Logistik und Aufbereitung über das Stoffstrommanagement bis zur Vermarktung von Wertstoffen reicht, bietet REMONDIS seinen Kunden Qualität und Kompetenz auf hohem Niveau.

Oberstes Ziel ist es, möglichst viele Rohstoffkreisläufe zu schließen, damit die wirtschaftliche und effiziente Nutzung der natürlichen Ressourcen dauerhaft sichergestellt ist.

REMONDIS besitzt ein Anlagennetzwerk mit modernen Sortier- und Aufbereitungsanlagen und verfügt über ein umfassendes Know-how im Bereich der Entwicklung und dem Einsatz von effektiven Erfassungs- und Logistiksystemen. Mit seinen innovativen Dienstleistungen und Produkten ist das Unternehmen ein überaus leistungsfähiger und zuverlässiger Partner für Kommunen, Industrie- und Gewerbebetriebe, Handelsunternehmen und Privatkunden. Bei allen Aktivitäten stehen die Anforderungen und der Nutzen des Kunden an erster Stelle.

REMONDIS hat die komplette Infrastruktur, um für und mit seinen Kunden kostengünstige Lösungen nach Maß anzubieten – bis hin zu komplexen Entsorgungskonzepten.

Das Unternehmen versteht sich als flexibler, kundenorientierter und hilfsbereiter Entsorgungspartner im Rheinland. In der Region Köln, Leverkusen, Bonn, Rhein-Sieg-Kreis, Rheinisch-Bergischer-Kreis, Oberbergischer Kreis, Rhein-Erft-Kreis und Landkreis Ahrweiler gewährleistet REMONDIS Entsorgungssicherheit und Nachhaltigkeit in der Kreislaufwirtschaft.

Auf einen Blick

Standorte:
- Regionalverwaltung Köln
- Niederlassung Erftstadt
- Niederlassung Köln
- Niederlassung Overath
- REMONDIS Bonn GmbH & Co. KG

Anlagen:
- Haus-, Sperrmüll- und Gewerbeabfallbehandlung
- Holzaufbereitung
- Kompostierung
- Papieraufbereitung
- Wertstoffsortierung

Logistik:
- Abrollkipper
- Absetzkipper
- Kranfahrzeuge
- Pressmüllfahrzeuge
- Sattelzüge
- Überkopf- und Seitenlader
- Straßenreinigung
- Winterdienst

Geschäftsfelder:
- Public-Private-Partnership
- Company Partnership
- Recycling und Produktion
- Logistik und Anlagen

Mitarbeiter: 833

Auszubildende: 35

REMONDIS GmbH Rheinland

Wir über uns: EATON Fluid Connectors GmbH

Wenn „auf Schalke" der weltberühmte Rasen einer Opernbühne weicht oder mit riesigen Pumpen eine künstliche Flugplatzinsel vor Japans Küste aufgeschüttet wird, dann sind Hydraulikkomponenten aus Lohmar im Spiel.

Die EATON Fluid Connectors GmbH (ehemals Walterscheid Rohrverbindungstechnik GmbH) entwickelt und produziert Rohrverbindungen für hydraulische und pneumatische Anlagen. Seit 1958 steht der Name Walterscheid für viele Produktinnovationen, die die Umwelt- und Prozesssicherheit in der Hydraulik weltweit gesteigert haben. Die Kunden stammen u. a. aus der Schwerindustrie, dem Schiffbau, der Landtechnik, der Automobilindustrie und der Baumaschinenbranche.

Seit 2004 gehört das Unternehmen zum amerikanischen EATON-Konzern, einem der weltweit führenden Anbieter von Hydraulikkomponenten. Das eröffnet zusätzliche Chancen in den internationalen Hydraulikmärkten und bringt neue Aufgaben an den Standort, der vom EATON-Konzern zur Logistikzentrale für Europa ausgebaut wird.

Auf einen Blick

Gründungsjahr: 1958

Mitarbeiter:
193 am Standort Lohmar

Leistungsspektrum:
Rohrverbindungen für hydraulische und pneumatische Anlagen

EATON Fluid Connectors GmbH, ehemals Walterscheid Rohrverbindungstechnik GmbH, Lohmar

Auf einen Blick

Gründungsjahr: 1913

Mitarbeiter: über 700

Leistungsspektrum:
organische und anorganische Zwischenprodukte zum Beispiel für
- Pharmawirkstoffe
- Pflanzenschutzmittel
- Kosmetika
- Kunststoffe
- Glasprodukte
- Biodiesel u. v. m.

Wir über uns: Degussa AG, Werk Lülsdorf

Das Werk Lülsdorf zählt mit seinen über 700 Mitarbeitern und knapp 100 Hektar Fläche zu den größeren deutschen Werken der Düsseldorfer Degussa AG.

Die Ursprünge gehen auf das Jahr 1913 zurück, als hier durch die damalige Deutsche Wildermann Werke Chemische Fabriken GmbH der Bau einer Alkalichlorid-Elektrolyse und der angeschlossenen Wohnkolonie die ersten Weichen gestellt wurden.

Der elektrolytische Prozess, natürlich auf dem neuesten Stand der Technik, ist heute nach wie vor der industrielle Kern der Aktivitäten am Standort, auch wenn im Laufe der Jahrzehnte weitere Anlagen und Verfahren dazu kamen, u. a. eine leistungsfähige Abwasserreinigungsanlage und eine Abfalldeponie in Troisdorf.

Schwerpunkte der heutigen Produktionen sind organische und anorganische Zwischenprodukte, die vor allem in der Synthese von Pharmawirkstoffen, Pflanzenschutzmitteln, Kosmetika und Kunststoffen eingesetzt werden. Dazu kommen aber auch noch Anwendungen in den Bereichen Glas und Biodiesel.

Daneben stellt die Oxxynova GmbH & Co. KG, eine Tochtergesellschaft der Degussa AG, Dimethylterephthalat – ein Rohstoff für Polyesterfasern – her.

Die Produkte aus Lülsdorf werden in die gesamte Welt exportiert. Neben den Hauptmärkten in Europa sind insbesondere die USA und Japan zu nennen.

Die zentrale Lage des Unternehmens am Rhein zwischen Bonn und Köln, im Zentrum eines Ballungsgebietes mit vielen Märkten, Kunden und Verbrauchern, mit einem eigenen Hafen, einem Eisenbahnanschluss und einer guten Anbindung an das Autobahnnetz sowie der Nähe zum Flughafen, erweist sich als ein Standortvorteil, auch für die Ansiedlung von neuen Produzenten.

■
Degussa AG
Werk Lülsdorf

Führend auf dem Weltmarkt: Katalysatortechnik für Auto-Abgas-Katalysatoren aus dem Hause Emitec

Auf einen Blick

Gründungsjahr: 1986

Mitarbeiter:
- über 700 in Lohmar, Eisenach und Fountain Inn, SC (USA)
- ein viertes Werk in Pune (Indien) wird Ende 2005 die Produktion aufnehmen

Leistungsspektrum
- Entwicklung, Produktion und Vertrieb von Metall-Katalysatorträgern und -Systemen, u. a. PM-METALIT™ (Dieselpartikelfilter), Vorturbolader Kat, Lambdasondenkat™
- Entwicklungs- und Testzentrum in Eisenach

Emitec Gesellschaft für Emissionstechnologie mbH Lohmar

Wir über uns: Innovationen für Mobilität, Wohlstand, Umweltschutz

Das ist das Leitmotiv, unter das die Emitec Gesellschaft für Emissionstechnologie mbH, Lohmar, ihre weltweiten Aktivitäten stellt.

Emitec ist Weltmarktführer mit Metall-Katalysatorträgern und Katalysator-Systemen für Auto-Abgas-Katalysatoren. Als „Träger" werden die wabenförmigen, in ihren Längskanälen zum Durchfluss der Abgase mit katalytischem Edelmetall beschichteten Monolithen bezeichnet. Sie bilden das Kernstück von Katalysatoren.

Metall-Katalysatorträger sind schwingungs- und temperaturfest. Schnell erreichen sie die zum „Anspringen" des Katalysators erforderlichen Temperaturen und reinigen das Abgas durch turbulente Strömung effektiv. Eingesetzt werden Emitec Produkte in PKWs, LKWs, Nutzfahrzeugen mit Benzin- und Dieselmotor und in Zweirädern.

Leitwarte für Motorenprüfstände

Wir über uns: RHI Refractories

Didier-Werke AG

Das Werk Niederdollendorf/Königswinter, direkt am Rhein gelegen, verdankt seine Gründung den ehemaligen Rohstoffvorkommen wie Ton und Quarzit. Nach wie vor ist der Rhein als Transportweg für den traditionsreichen RHI-Standort von größter Bedeutung, denn heute werden die Rohstoffe aus aller Welt eingekauft und hier zu hochwertigen Feuerfestprodukten verarbeitet.

Erst 2002 fiel von der RHI-Unternehmensführung die Entscheidung, den Standort Niederdollendorf zu erhalten und mit einem Gesamtinvestitionsvolumen von etwa neun Mio. Euro strategisch neu auszurichten. Mit einem Anteil von rund 40 Prozent ist die Glasindustrie heute der wichtigste Kunde für Feuerfesterzeugnisse aus dem Werk Niederdollendorf. Hohe Qualitätsanforderungen wie Maßgenauigkeit, Produktreinheit und Homogenität sind für diese Branche ebenso gefragt wie Verschleißfestigkeit.

Der Produktmix der in Niederdollendorf gefertigten Feuerfesterzeugnisse basiert auf den Rohstoffen Ton, Schamotte, Bauxit, Andalusit, Tonerde, Korund und Quarzit. Der jährliche Produktionsausstoß liegt bei etwa 38 000 Tonnen.

Feuerfeste Produkte werden mit einer Temperatur von 1200° C bis 1750° C gebrannt.

Auf einen Blick

Gründungsjahr: 1886

Mitarbeiter:
RHI-Konzern ca. 10 000; Werk Niederdollendorf 230

Leistungsspektrum:
Feuerfeste Produkte für die
- Glasindustrie
- Stahlindustrie
- Industrie Umwelt/Energie
- Chemische Industrie
- Baustoffindustrie (Zement, Kalk)
- Nichteisenmetallindustrie

RHI Refractories
Didier-Werke AG
Königswinter

Keramischer Brenner – Winderhitzer für einen Hochofen (Stahlerzeugung)

Auf einen Blick

Gründungsjahr: 1990

Mitarbeiter: 4

Leistungsspektrum:
- Import und Distribution chinesischer Industrie- und Handelsgüter für den europäischen Markt
- Export europäischer Handelsgüter nach China und Asien
- Produktionsüberwachung und Qualitätssicherung der chinesischen Herstellerfirmen

■

EuroMEC Import- und Exportgesellschaft mbH
Lohmar

Wir über uns: EuroMEC Import- und Exportgesellschaft mbH

EuroMEC bedient vornehmlich Industrie- und Großhandelskunden aus China und Europa. Zum Geschäftsbereich des Unternehmens gehören insbesondere Werkzeuge und Werkzeugmaschinen, Messwerkzeuge, elektrotechnische Maschinen, Instrumente, Apparate und Haushaltsmaschinen sowie allgemeine Industriegüter und Halbwerkzeuge aus dem Maschinenbau.

EuroMEC ist eine Tochtergesellschaft der chinesischen CMEC in Peking, eine der größten Industrie- und Handelsfirmengruppen in Asien.

Eine gute Lage zu attraktiven und kaufkräftigen Märkten kommt aber nur dann als Standortvorteil voll zum Tragen, wenn die Verkehrsanbindung eine schnelle Erreichbarkeit gewährleistet. Betriebliche Erfordernisse wie die Just-in-time-Produktion und kurze Lieferzeiten sind nur mit einem funktionierenden Verkehrsnetz realisierbar. Auch hier muss man sagen: Die Verkehrsanbindung des Rhein-Sieg-Kreises ist durchweg sehr gut. Das gilt für alle relevanten Verkehrsträger Straße, Schiene, Luft und Wasser.

Mit dem neuen ICE-Haltepunkt in der Kreisstadt Siegburg ist die ausgezeichnete überregionale Anbindungsqualität noch weiter verbessert worden. Der Rhein-Sieg-Kreis ist damit in das transeuropäische Schienenschnellverkehrsnetz unmittelbar eingebunden. Reisezeiten in Großstädte schrumpfen zu wenigen Stunden zusammen. Per Flugzeug sind die meisten Wirtschaftsmetropolen Europas ohnehin schon innerhalb von 90 Minuten erreichbar, zumal die Region den Flughafen Frankfurt, der mit dem ICE in nur 39 Minuten erreicht wird, nunmehr als zweiten Heimatflughafen neben dem Flughafen Köln/Bonn – Konrad-Adenauer quasi vor die Haustür bekommen hat.

In Verbindung mit der internationalen Erfahrung, die Einwohner und Wirtschaft der Region aus der jahrzehntelangen Hauptstadtfunktion gewonnen haben, verschaffen die europäische Zentrallage und internationale Anbindungsqualität dem Rhein-Sieg-Kreis beste Voraussetzungen für den fortschreitenden Europäisierungs- und Globalisierungsprozess. ■

Hauptbetriebsstandort Siegburg-Siegelsknippen mit Trinkwasseraufbereitungsanlagen für die Wahnbachtalsperre und den Hennefer Siegbogen

Wir über uns: Wahnbachtalsperrenverband

Seit mehr als 50 Jahren sichert der Wahnbachtalsperrenverband die Versorgung der Bevölkerung in der Region Bonn/Rhein-Sieg/Ahr mit qualitativ hochwertigem Trinkwasser. Durch seine zukunftweisenden und innovativen Entwicklungen in der Trinkwasseraufbereitung hat sich der Wahnbachtalsperrenverband in der gesamten deutschen Versorgungswirtschaft ein hervorragendes Renommee verschafft. Mit der Phosphateliminierung im Zulauf der Wahnbachtalsperre, dem Multi-Barrieren-System für einen nachhaltigen Gewässerschutz, sowie den Entwicklungen zur Planktoninaktivierung durch Ultraschall und UV-Desinfektion ist der Wahnbachtalsperrenverband auch weltweit bekannt geworden.

Heute versorgt der Wahnbachtalsperrenverband – Verbandsmitglieder sind die Bundesstadt Bonn, der Rhein-Sieg-Kreis und die Kreisstadt Siegburg – rund 800 000 Einwohner und legt in seinen Trinkwassereinzugsgebieten besonderen Wert auf eine intensive Zusammenarbeit mit der Landwirtschaft und einen nachhaltigen Gewässerschutz.

Rohrkeller, der im Jahr 2000 in Betrieb genommenen neuen Trinkwasseraufbereitungsanlage für das Wasser aus der Wahnbachtalsperre

Auf einen Blick

Gründungsjahr:
12. Juni 1953

Versorgungsgebiet:
- Stadtgebiet Bonn
- Rhein-Sieg-Kreis (außer Bad Honnef, Niederkassel, Much, Swisttal und Troisdorf)
- Bad-Neuenahr-Ahrweiler
- Grafschaft Kreis Ahrweiler (beide Rheinland-Pfalz)
- rund 800 000 versorgte Einwohner

Betrieb und Unterhaltung von zum Beispiel
- 220 km Transportleitungen für Roh- und Trinkwasser
- 16 Trinkwasserbehältern (Gesamtspeichervolumen 113 000 m^3)
- 17 Pumpwerken
- 72 Stationen zur Trinkwasserübergabe
- Wahnbachtalsperre (Wasserentnahme jährlich bis zu 28,1 Mio. m^3)
- Trinkwasseraufbereitungsanlagen in Siegburg-Siegelsknippen und Sankt Augustin-Meindorf
- Grundwassergewinnung im Siegbogen bei Hennef
- jährliche Trinkwasserabgabe von rund 45 Mio. m^3
- akkreditierte Laboratorien mit chemischem, limnologischem und mikrobiologischem Labor

■

Wahnbachtalsperrenverband, Siegburg

Wir über uns: Rasante Entwicklung von der Kaserne zum Industriepark

Die Projektmanagement GmbH Troisdorf unter dem Dach der TroiKomm Kommunale Verwaltungs- und Beteiligungsgesellschaft mbH der Stadt Troisdorf erwarb das Gelände am 15. Dezember 2004. Was dann geschah, ist rekordverdächtig. Denn in nur wenigen Wochen, nachdem die PMG das Gelände der ehemaligen belgischen Kaserne gekauft hatte, ist es gelungen, bereits große Flächen zu vermarkten.

Dafür gibt es gute Gründe: Zum einen bietet das Gelände eine hervorragende Lage mit Autobahnen, ICE-Strecke und Flughafen in unmittelbarer Nähe und zum anderen wurde zukunftsgerichtet geplant. Während andere Städte und Gemeinden auf ihren Gewerbeflächen sitzen bleiben, entschlossen sich die Troisdorfer, innovativ vorzugehen. Camp Spich wurde als Gewerbe- und Industriegebiet ausgewiesen. Der Status des Industriegebietes ermöglicht den Unternehmen, die sich dort ansiedeln, dass sie rund um die Uhr, 365 Tage im Jahr, produzieren und transportieren können.

Dieses Konzept und die logistischen Argumente überzeugten die Großbäckerei Harry-Brot GmbH, die schon länger nach einem geeigneten Standort im Westen der Republik Ausschau gehalten hatte. Auf 66 000 Quadratmetern baut Harry-Brot eine neue Großbäckerei.

Auf einen Blick

Historie:

Kaserne König Baudouin Camp Spich . . .

1952 wurde der Kasernenbau in Spich für 3000 bis 4000 Soldaten als „Fremdkörper" empfunden, obwohl die Belgier nicht als Besatzer gekommen waren, sondern eine Aufgabe im Rahmen des westlichen Verteidigungsbündnisses erfüllten.

. . . und sie gingen als Freunde!

Im Laufe der 50-jährigen Präsenz entwickelte sich durch ständige Bemühungen der belgischen Streitkräfte, des Rates und der Verwaltung sowie der Kirchen und Vereine eine intensive Freundschaft. Dabei war die Integration der belgischen Soldaten und ihrer Familien beispielhaft und hat nachhaltig Entwicklung und Geschichte der Stadt Troisdorf geprägt.

■

Projektmanagement GmbH Troisdorf

Ladenarbeiten unter Tage zur Vorbereitung von Sprengungen

Auf einen Blick

Gründungsjahr: 2001

Mitarbeiter:
324 in Troisdorf und 94 in der Tochtergesellschaft Eurodyn Sprengmittel GmbH

Produktspektrum:
gewerbliche Sprengzünder und Sprengstoffe

Umsatz:
ca. 65 Mio. Euro jährlich

■
Orica Germany GmbH
Troisdorf

Wir über uns: Orica Germany GmbH

Die Orica Germany GmbH gehört gemeinsam mit ihrer 100-prozentigen Tochtergesellschaft Eurodyn zu der Orica Ltd., dem weltweit führenden Hersteller kommerzieller Sprengmittel für den Bergbau und die Steine- und Erdenindustrie.

Orica produziert mit ca. 10 000 Mitarbeitern in mehr als 35 Ländern kommerzielle Sprengmittel sowie Verbraucher- und Agrochemikalien und erzielt damit einen Umsatz von ca. 2760 Mio. Euro jährlich.

Die Arbeit unter dem Dach der australischen Muttergesellschaft ermöglicht es, die Forschungs- und Entwicklungsaktivitäten zu intensivieren und zugleich Synergien innerhalb der ORICA Gruppe zu nutzen. Dabei kann auf ein weltweites Know-how sowie auf Erfahrungen mit den neuesten sprengtechnischen Entwicklungen zurückgegriffen werden.

Oricas Kunden steht weltweit die vollständige Reihe gewerblicher Zünd- und Sprengstoffsysteme zur Verfügung: Nichtelektrische, elektrische und das elektronische i-kon™ Zündsystem. Sprengstoffsysteme – in patronierter oder loser Form – von gelatinösen Sprengstoffen über Anfo bis hin zu Emulsionssprengstoffen. Die langjährige Erfahrung, zahlreiche Expertensysteme für Planung, Dokumentation und Prognose von Sprengarbeiten und das weltweite, flächendeckende Netz von Fachpersonal garantieren stets ein optimales Sprengergebnis.

Vollautomatische Produktion von Zündpillen unter höchsten Sicherheitsvorkehrungen

Links: Die Krewel-Werke nach dem Wiederaufbau um 1955
Bild unten: Krewel Meuselbach in Eitorf heute

Auf einen Blick

Gründungsjahr: 1996; Fusion beider Unternehmen

Mitarbeiter: etwa 300

Produktpalette:
- Phytopharmaka
- Pharmazeutische Produkte auf pflanzlicher und synthetischer Basis gegen Erkältungskrankheiten
- Analgenetika WHO-Stufen 1, 2 und 3
- Pflanzliche Arzneimittel gegen Depressionen und Angstzustände
- Chemisch definierte Antidepressiva
- Migränepräparate
- Magen-Darm-Präparate

Wir über uns: Krewel Meuselbach GmbH

Die Krewel Meuselbach GmbH ist nicht nur ein etabliertes Unternehmen im deutschen Pharmamarkt, sondern Synonym für ein partnerschaftliches Miteinander und Garant für Entwicklungsperspektiven mit Zukunft.

Dabei wird die Geschichte von Krewel Meuselbach seit mehr als einem Jahrhundert geprägt von unternehmerischer Schaffenskraft und zeitgemäßen Innovationen.

Herr Dr. Ernst Blank begann am 24. Februar 1922 mit der industriellen Herstellung der Spezialität Analgit®. Er legte damit den Grundstein für die Krewel-Werke. Im Laufe der Jahrzehnte entwickeln die Krewel-Werke in Eitorf weitere Präparate, von denen zum Beispiel Migräne-Kranit® bis heute in der Therapie verbreitet im Einsatz ist.

Die in Thüringen angesiedelte Meuselbach Pharma gehört zu den ältesten deutschen Pharmaunternehmen überhaupt und geht auf das Jahr 1694 zurück. Bereits 1890 beschäftigte das Unternehmen 70 Mitarbeiter. Und schon Mitte der zwanziger Jahre waren die Produkte – zum Beispiel Regulax® – aus dem Hause Meuselbach in vielen Ländern Europas, in Nordamerika, Australien und Indien gefragt.

Nach der Wiedervereinigung erwarb Krewel 1991 die Meuselbach Pharma. Aus der gleichberechtigten Partnerschaft der Krewel-Werke und der Meuselbach Pharma ist 1996 die Krewel Meuselbach GmbH hervorgegangen. Heute ist Krewel Meuselbach mit einer Vielzahl bewährter Präparate am Markt präsent – zum Beispiel mit Mallebrin gegen Halsschmerzen sowie Aspecton gegen Husten und der erfolgreichen Migräne-Kranit Reihe.

Aus der Unternehmenspartnerschaft sind bis heute effiziente Strukturverbesserungen und richtungweisende Neuentwicklungen erkennbar, die den Partnern im Gesundheitswesen – Arzt und Apotheke – ein qualitativ hochwertiges, kostengünstiges und vollständiges Therapieangebot zur Verfügung stellen, insbesondere in den Bereichen Erkältung, Schmerz und Depression.

■
Krewel Meuselbach GmbH, Eitorf

Aktive Wirtschaftsförderung für Existenzgründer und Neuansiedler

Hans-Peter Hohn

Den Strukturwandel im Rhein-Sieg-Kreis erfolgreich zu gestalten und der wirtschaftlichen Entwicklung des Kreises positive Impulse zu geben, ist die wesentliche Aufgabe der Wirtschaftsförderung des Rhein-Sieg-Kreises. Dabei kommt dem Thema „Existenzgründungen und Neuansiedlungen" neben der Bestandspflege und Bestandsentwicklung eine wichtige Rolle zu. Denn gerade in wirtschaftlich schwierigen Zeiten sind es die Existenzgründer und junge Unternehmen, die neue Arbeitsplätze schaffen und schon aus diesem Grund jede mögliche Unterstützung verdienen.

Ein Schwerpunkt der Beratungs- und Servicetätigkeit der Wirtschaftsförderung des Kreises ist die Information über öffentliche Finanzierungshilfen für Existenzgründer, Neuansiedler sowie kleine und mittelständische Unternehmen. Mit dem Arbeitsplatz-Förderungsprogramm Rhein-Sieg, das insbesondere Arbeitsplatz schaffenden Existenzgründern und jungen Unternehmen eine hohe Zinsverbilligung bei der Kapitalbereitstellung ermöglicht, kann die Wirtschaftsförderung sogar ein ganz besonderes, da ausschließlich im Rhein-Sieg-Kreis einsetzbares Investitionsförderprogramm offerieren.

Auch diese Maßnahme aktiver Wirtschaftsförderung hat mit dazu beigetragen, dass die Zahl der Unternehmen im Rhein-Sieg-Kreis seit Jahren kontinuierlich wächst. Im Durchschnitt kommen im Kreis pro Jahr mehr als 1000 Gewerbebetriebe hinzu. Seit 1991, dem Jahr des Bonn-Berlin-Umzugsbeschlusses des Deutschen Bundestages, beträgt die Zunahme in der Summe rund 20 000 Betriebe. Die Existenzgründungsdynamik, die sich hinter diesen hohen Zuwächsen verbirgt, spricht zum einen für ein positives Gründungsklima im Rhein-Sieg-Kreis, sie zeugt zum anderen auch von einem hohen Tempo des Strukturwandels, von wirtschaftlicher Erneuerung und Modernisierung im Kreisgebiet.

Zu den Meilensteinen der Struktur- und Wirtschaftsförderung der letzten Jahre, gerade auch für Existenzgründer und Neuansiedler, gehört das zu Beginn der neunziger Jahre entwickelte kreisweite Gewerbeflächenkonzept. Dadurch wurden in den 19 kreisangehörigen Städten und Gemeinden die planungsrechtlichen Voraussetzungen für die Entstehung neuer Arbeitsplätze geschaffen. Ohne die Bereitstellung dieser neuen Gewerbeflächen würde der Rhein-Sieg-Kreis wirtschaftlich heute bei weitem nicht so gut dastehen. Auf den neuen Flächen sind bisher mehr als 1200 Betriebe mit rund 18 000 Arbeitsplätzen angesiedelt worden.

Grundsätzlich ist die gründliche und umfassende Vorbereitung der eigenen Existenzgründung oder Gewerbeansiedlung die notwendige Basis für den dauerhaften Erfolg eines jeden neuen Unternehmens. Hierzu bietet die Wirtschaftsförderung zusammen mit etablierten Netzwerken und in Zusammenarbeit mit den regionalen Banken und Sparkassen Information, Beratung und Hilfestellung. ■

Jüngstes Gründer- und Technologiezentrum im Rhein-Sieg-Kreis: der BusinessCampus Rhein-Sieg in Sankt Augustin

Bemerkenswerte Branchenvielfalt – Erfolgsfaktor Mittelstand

Dr. Ernst Franceschini / Michael Swoboda

Mit einer japanischen Eröffnungszeremonie mit Sushi und Sake hat die Kuraray Specialities Europe GmbH die Übernahme des Geschäftsfeldes TROSIFOL der HT TROPLAST AG in Troisdorf gefeiert. Seit dem 1. Januar 2005 ist TROSIFOL als Division der Kuraray Specialities Europe GmbH Mitglied der japanischen Kuraray-Gruppe. Die Essener Rütgers AG, eine 100-prozentige Tochter des Energie- und Chemiekonzerns RAG, hat den PVB-Hersteller an die deutsche Kuraray Specialities Europe (KSE, früher: Clariant) veräußert.

Diese Transaktion ist nur ein Beispiel für die immer wieder beschworene Globalisierung im Wirtschaftsleben. Vielfach wird der (Aus-)Verkauf deutscher Unternehmen an weltweit tätige Konzerne oder an internationale Finanzinvestoren als Alarmzeichen für die schwache Wettbewerbsfähigkeit der deutschen Wirtschaft gedeutet. Ist das so? Oder ist es nicht vielmehr ein Beweis für die Attraktivität mittelständischer Unternehmen – im Besonderen auch in der Region Bonn/Rhein-Sieg?

Denn der Rhein-Sieg-Kreis verfügt über eine Vielzahl von industriellen (Welt-)Marktführern, die sich seit Jahren gegen stärkste internationale Konkurrenz behaupten. Dies gilt für eine Reihe von Branchen, vom Maschinen- und Fahrzeugbau über Kunststoff und Chemie bis hin zu Metall oder Elektrotechnik. Rund 250 Industriebetriebe (über 20 Beschäftigte) mit insgesamt fast 25 000 Beschäftigten machen einen Umsatz von gut 4,7 Mrd. Euro im Jahr! Eine Exportquote von fast 40 Prozent unterstreicht die Wettbewerbsfähigkeit der mittelständischen Industrie im Rhein-Sieg-Kreis. In den vergangenen zehn Jahren haben sich dabei die Gewichte weg von der Metallindustrie stärker zu Elektrotechnik/Feinmechanik, dem Fahrzeugbau, aber auch zum Ernährungsgewerbe verschoben.

Die Ursprünge im 19. Jahrhundert

Die Ursprünge für die industrielle Entwicklung im Rhein-Sieg-Kreis wurden bereits im 19. Jahrhundert gelegt. Der frühere Siegkreis war neben Stadt- und Landkreis Bonn ein gewerblich-industrieller Schwerpunkt im Bezirk der 1891 gegründeten Industrie- und Handelskammer. Die Bevölkerung im Siegkreis wuchs von 55 315 im Jahr 1816 auf 83 087 im Jahr 1871 an. Bis 1905 war eine weitere Zunahme um 37,5 Prozent auf 114 283 zu verzeichnen. Früheste Ansätze einer Industrialisierung gab es zwischen 1871 und 1905 insbesondere in Siegburg (Einwohnerzuwachs 175,4 Prozent), Troisdorf (+ 81,5 Prozent) und Eitorf (+ 48 Prozent). Bereits 1824 erfolgte die Gründung der späteren Friedrich-Wilhelms-Hütte: Aus dem Eisenwerk zur Verhüttung von Toneisenvorkommen entstanden später die Mannstaedt-Werke. Ganz entscheidend trug die Eröffnung der Bahnstrecke Köln–Hennef 1859 zur wirtschaftlichen Entwicklung bei. Die industrielle Metallverarbeitung entwickelte sich zwischen 1875 und 1895 mit der Geschossfabrik in Siegburg (1895: 1000 Beschäftigte) und der Metallverarbeitung in Menden/Troisdorf, Siegburg und Hennef. Hennef war zu dieser Zeit das Zentrum der Landmaschinenherstellung, woraus sich der heutige Fahrzeugbau entwickelt hat. Die Anfänge der Chemischen Industrie liegen in

Fortsetzung Seite 69

Auf einen Blick

Gründungsjahr: 1971

Mitarbeiter: 140

Leistungsspektrum:
Werkzeuge zur Oberflächenbehandlung
- Powerflex Original®
- Fächerschleifscheiben
- Fächerschleifer
- Vliesfächerschleifer
- Lamellenscheiben
- Lamellenwalzen
- Lamellenhülsen
- Rex Schleifwerkzeuge
- Vliesprodukte
- Filzpolierwerkzeuge
- Hartmetallfräser

Standorte:
Windeck
Glasgow
Bukarest
New York

Wir über uns: Dipl.-Ing. Günter Wendt GmbH

Von Anfang an innovativ sein – das war die Devise der 1971 gegründeten Wendt GmbH. Auf dem Gebiet der Oberflächenbehandlung und hier speziell in den Bereichen Schleifen, Polieren und Veredeln hat das Unternehmen von Anfang an Maßstäbe gesetzt und ist mit seinen langlebigen und qualitativ hochwertigen Werkzeugen zum Vorbild für viele Industriezweige geworden.

Heute hält Wendt mit seinen innovativen Produkten teilweise einen Marktanteil von bis zu 85 Prozent und ist seit 2001 mit Niederlassungen auch in Nordamerika und Großbritannien vertreten. Wendt-Werkzeuge geben dem Anwender mehr Flexibilität in der Bearbeitung verschiedenster Werkstoffe. Das breite Produktportfolio stellt auch Lösungen für Spezialaufgaben oder besondere Werkstoffe zur Verfügung.

Das permanente Bestreben nach Innovation und Verbesserung der Produkte hat dem Familienunternehmen zahlreiche Patente und Gebrauchsmuster eingebracht. Heute steht der Name Wendt für einen weltweiten Standard, an dem sich andere messen.

Dipl.-Ing. Günter Wendt GmbH, Windeck

Hauptsitz und Verwaltung der mk Maschinenbau Kitz GmbH

Empfang,
Standort Troisdorf

Wir über uns: Maschinenbau Kitz GmbH – mechanische Komponenten und Module für die Fabrikautomation

mk gehört zu den führenden Anbietern von aluminiumprofilbasierten Komponenten und Modulen. Als eines der ersten Unternehmen setzte sich mk mit System-Profilen auseinander und verfügt mittlerweile über 20 Jahre Erfahrung in diesem Bereich. Die Schlüsselkunden kommen aus den Bereichen Automation, Systemintegration und dem Maschinenbau. Die Wettbewerbsfähigkeit unserer Produkte basiert auf langjähriger Erfahrung, auf hohen Qualitätsansprüchen und intensiver Produktweiterentwicklung.

Mit diesen Eigenschaften konnten wir über Jahrzehnte konstant wachsen und ein internationales Netzwerk aufbauen. Die Produkte aus der Profil-, Förder-, Lineartechnik und Betriebseinrichtungen bewähren sich weltweit in Automatisierungsanlagen der Automobil-, Chemie-, Pharma- und Lebensmittelindustrie. Dabei dienen unsere Aluminiumprofile als übergreifende Basistechnologie, so dass verschiedene Kompo-

Entwicklung und Konstruktion

nenten, Bausätze oder Module kombiniert und zu optimalen Lösungen konfiguriert werden können.

Von der Projektierung über die Montage bis zur späteren Änderung von Anlagen entstehen Ihnen damit entscheidende Vorteile – bei schneller Verfügbarkeit, hoher Wirtschaftlichkeit und einer gelungenen Verbindung von Design und Funktionalität.

Mehrachshandling mit Vakuumsaugplatte

Auf einen Blick

Gründungsjahr: 1966

Mitarbeiter: ca. 170

Produktspektrum:
- Profiltechnik
- Fördertechnik
- Lineartechnik
- Betriebseinrichtungen

Standorte:
Troisdorf
Freiburg
Reutlingen
Lederhose
Almelo (NL)
Preston (GB)
Zaragoza (E)
Connecticut (USA)

Partner:
Rheda-Wiedenbrück
Erlangen
Eichenau
Freudenberg
Büren an der Aare (CH)
Elbeuf Cedex (F)

Maschinenbau
Kitz GmbH
Troisdorf

Wir über uns: Grafschafter Krautfabrik Josef Schmitz KG

Die Grafschafter Krautfabrik ist ein mittelständisches Unternehmen und fühlt sich der Tradition und der hohen Qualität seiner Produkte verpflichtet.

Der „gelbe Becher", der Grafschafter Goldsaft Zuckerrübensirup, steht nun seit über 50 Jahren in den Brotaufstrichregalen der Supermärkte und findet bei Jung und Alt seine treuen Fans. Mit diesem traditionellen Produkt sorgt die Grafschafter Krautfabrik für die Überlieferung und den Fortbestand einer deutschen, speziell rheinischen Esskultur, die seit hunderten von Jahren besteht.

Darüber hinaus sind Zuckerrübensirup und die anderen natürlichen Spezialitäten aus dem Hause Grafschafter ursprüngliche und heimische Produkte, die durch ihre wertvollen Inhaltsstoffe zu einer vollwertigen und gesunden Ernährung beitragen.

Heute werden im Werk Meckenheim und bei den Kooperationsunternehmen Hamburg, Beesel (Niederlande) und Aubel (Belgien) ca. 20 000 Tonnen Brotaufstriche und über 28 000 Tonnen Industriesirupe hergestellt.

Zuckerrübensirup (Rübenkraut, Grafschafter Goldsaft) ist ein reines Naturprodukt. Es besteht aus dem konzentrierten Saft erntefrischer Zuckerrüben ohne deren Pflanzenfasern und ohne jegliche Zusätze. Zuckerrübensirup wird in der Zeit der Rübenernte (Mitte September bis Mitte Dezember) hergestellt. Diese etwa 100-tägige Produktionsphase wird als Kampagne bezeichnet. Zuckerrübensirup befindet sich zur Geschmacksabrundung zum Beispiel in Hustensaft, Lakritz- und Bonbonartikeln und als natürlicher Farbgeber in dunklen Brotsorten.

Auf einen Blick

Gründungsjahr: 1893

Mitarbeiter:
in der Grafschafter Gruppe ca. 160

Produktspektrum:
Industrie:
Flüssige Zuckermischungen und Zuckerrübensirup in jeder gängigen Gebindegröße

Brotaufstriche:
- Grafschafter Goldsaft
- Grafschafter Karamell
- Grafschafter Apfelschmaus
- Apfelkraut ohne Zucker
- Grafschafter Winterzauber
- Grafschafter Birnenschmaus
- Grafschafter Pflaumenmus
- Lütticher Delikatesse
- Grafschafter Heller Sirup
- Wibine Invertzuckercreme

Grafschafter Krautfabrik Josef Schmitz KG Meckenheim

Hauptsitz des Centralmarktes Roisdorf • Straelen

Wir über uns: Centralmarkt Roisdorf • Straelen – Partner für die Obst- und Gemüsevermarktung

Das Rheinland, im Herzen Europas, ist der Geburtsort des Centralmarkt Roisdorf • Straelen. Er ist dort als Tochtergesellschaft zweier traditionsreicher Vermarkter entstanden. Zum einen des Centralmarktes Rheinland, dessen Ursprung in Roisdorf bei Bonn liegt, zum anderen der NBV/UGA aus Straelen. Diese beiden Vermarkter sind eng verbunden mit der Entwicklung des Rheinlands von einer strukturschwachen Region zu der produktivsten Gartenbauregion Deutschlands. Drei Faktoren waren dabei entscheidend: die günstigen Klima- und Bodenbedingungen, Innovationen vieler Gartenbaubetriebe und eine starke genossenschaftliche Vermarktung. Dem Centralmarkt Roisdorf • Straelen, obliegt das operative Geschäft für die Vermarktung von Obst und Gemüse für beide Muttergesellschaften. Der Zusammenschluss der beiden traditionellen Vermarkter für Obst und Gemüse hat das Ziel, durch Bündelung der Ware bei gleichzeitiger Kostensenkung, eine hohe Absatzsicherheit für die Gärtner und ein großes, attraktives Angebot für die Kunden zu schaffen. Mehr als 1400 Gärtner versorgen den Centralmarkt Roisdorf • Straelen und schließlich den Endverbraucher mit tagesfrischer Qualität direkt vom Erzeuger. Die Mitglieder erzeugten im Jahr 2004 120 000 Tonnen Gemüse, 20 000 Tonnen Kernobst, 6000 Tonnen Steinobst und 8000 Tonnen Beerenobst.

Über vier Standorte versorgt der Centralmarkt Roisdorf • Straelen die Region:

Standort Roisdorf – Sitz der Verkaufs- und Vertriebsabteilung, Versteigerungshalle und Vermarktung notwendiger Hallenbereiche. Dort sind auch Händler wie das Edeka Fruchtkontor West und der Bio-Vertrieb Rheinland Höfe sowie der Standort des zentralen Depot- und Logistikzentrums für das Euro Pool System International Deutschland GmbH ansässig.

Standort Straelen – Versteigerung, Warenanlieferung und -vermarktung der am Niederrhein ansässigen Erzeugerbetriebe. Partner des Convenience-Werkes der Firma Bonduelle.

Standort Glehn – Aufbereitungs- und Logistikzentrum, Warenanlieferung und Vermarktung aller im Raum Düsseldorf ansässigen Erzeugerbetriebe.

Standort Meckenheim (MECO) – Aufbereitungs- und Logistikzentrum, 24 ULO Kühlräume mit einer Kapazität von insgesamt 5000 Tonnen Sortieranlagen für Äpfel, Verpackungseinheiten für Kern-, Stein- und Beerenobst.

Auf einen Blick

Leistungen:
- Vermarktung für den Obst- und Gemüsebau
- Verpackung von Obst und Gemüse
- Europaweite Auslieferung
- Ultra Low Oxygene Lagerung (ULO)
- Kühllager und Vakuumkühlung/ Nasskühlung
- Sicherheit durch Zertifizierung QS, IFS und EurepGAP

Gründungsjahr: 2004

Mitarbeiter: 200

Anlieferer: 1400

Anbauflächen:
Obst 3000 ha
Gemüse 4290 ha

Umsatz CMRS:
über 110 Mio. Euro jährlich

Centralmarkt Roisdorf • Straelen Bornheim-Roisdorf

Wir über uns: Jass Baubedarf GmbH & Co. KG

Seit vielen Jahren gilt das Unternehmen Jass Baubedarf als zuverlässiger Partner und Sortiment-Lieferant für Baustoffe. Zahlreiche Baumärkte in ganz Deutschland sowie im benachbarten Ausland haben das Unternehmen als professionellen und kompetenten Partner kennen und schätzen gelernt.

Über 40 Jahre Erfahrung und ein hochmotivierter und qualifizierter Mitarbeiterstamm sichert den Unternehmenserfolg. Der Verwaltungssitz in Königswinter und das verkehrsgünstig gelegene Logistikzentrum in Bad Honnef arbeiten ohne Reibungsverluste Hand in Hand – die in Königswinter erfassten Aufträge werden mittels modernster Datenübertragungstechnik weitergeleitet.

Von der optimalen Routenplanung bis zur pünktlichen Entladung kümmert sich die hauseigene Logistikabteilung um die zuverlässige just-in-time-Lieferung. Alle Fahrzeuge bedienen sich dem modernsten Stand der Technik und sind über Mobilfunktelefone schnell erreichbar, sodass auf Umdisponierungen flexibel reagiert werden kann.

Auf einen Blick

Gründungsjahr: 1963

Mitarbeiter: 127

Fuhrpark: 75 Fahrzeuge

Standorte:
- Königswinter (Verwaltung)
- Bad Honnef (Logistik)

Leistungsspektrum:

Produktion:
- Kamin- und Feuerholz
- Bitumen-Dachbahnen
- Winterstreugut
- Fertigmörtel, Fliesen- und Flexkleber

Handel und Transport:
- Tiefbau- und Gartenbauprodukte
- Zement, Mörtel, Kalk, Kleber
- Winterartikel, Heizartikel, Streugut
- Innenausbauartikel
- Bitumendachbahnen, Schutzanstriche
- Dachsysteme Lindab
- Gartenartikel für Kind und Freizeit
- Dämmstoffe
- Schüttgüter
- Fertigbeton
- Baustahl
- Wandbausteine
- Bauholz
- Chemische Baustoffe
- Containerdienst

Jass Baubedarf GmbH & Co. KG
Königswinter

Wir über uns:
JOH. MÜLLER KUNSTSTOFF GMBH

Das Unternehmen wurde vor über 25 Jahren gegründet und hat sich als Fachbetrieb für den Apparatebau, für Lüftungssysteme sowie für Abluft-/Abwasseraufbereitung als kompetenter Partner für Industrie und öffentliche Einrichtungen am Markt positioniert.

Überall dort, wo man es mit agressiven Medien zu tun hat, bietet das Unternehmen Lösungen, die individuell mit einem hoch qualifizierten Team erarbeitet werden.

Im Fokus der unternehmerischen Aktivitäten stehen Aspekte des Arbeits- und Umweltschutzes und deren individuelle Anpassung an die Bedürfnisse des Anwenders im Bereich Apparatebau. Im Bereich Ventilatorenbau aus korrosionsbeständigen Thermoplast-Kunststoffen beliefert das Unternehmen mittlerweile die ganze Welt mit Hochleistungsventilatoren aus eigener Fertigung. Lüftungsanlagen zum Beispiel für Schulen, Laboratorien und Industrie werden in Hennef projektiert, gefertigt und montiert.

Auch für abluft- oder wassergefährdende Stoffe bietet der Kunststoff-Spezialist zusammen mit führenden deutschen Labormöbelherstellern Lösungen an.

Die Aus- und Weiterbildung im eigenen Haus wird als unverzichtbare Investition in die Zukunft gesehen. Ausgebildet werden vorrangig Kunststoffschlosser, die durch die praxisnahe Ausbildung in verschiedenen Abteilungen nach der Ausbildung in den Betrieb integriert werden.

Auf einen Blick

Gründungsjahr: 1979

Mitarbeiter: 25

Leistungsspektrum (Auszug):
- Thermoplastverarbeitung
- Lufttechnische Anlagen
- Behälterbau
- Apparatebau
- Ventilatoren
- Schalldämpfer
- Tropfenabscheider

■

JOH. MÜLLER KUNSTSTOFF GMBH
Hennef

der Produktion von Pulver und Sprengmittel in Troisdorf und in der späteren Umstellung auf die Kunststoffe Trolitan, Trolon und Trolitul begründet. 1895 gab es 3700 Beschäftigte in den Rüstungsfabriken in Siegburg und Troisdorf (später Dynamit Nobel). Bei der Textilindustrie sind die Kattunfabrik Rolffs in Siegburg (1895: 900 Beschäftigte) – das spätere Siegwerk – und die Kammgarnspinnerei Schäfer Eitorf (1100 Beschäftigte) zu nennen. Schließlich erfolgte 1920 die Gründung der Arzneimittelfabrik Krewel-Leuffen in Eitorf (heute: Krewel Meuselbach GmbH).

Weltmarktführer aus dem Rhein-Sieg-Kreis

Heute, mehr als 100 Jahre nach dem Beginn der systematischen Industrialisierung im Rhein-Sieg-Kreis, gehört die Region national wie international zu den bemerkenswerten Wirtschaftsstandorten mit einer Vielzahl innovativer Betriebe aus zukunftsträchtigen Branchen.

Im Kunststoffsektor ist zum Beispiel die HT TROPLAST AG (Troisdorf) mit ihren Geschäftseinheiten profine, Trocellen und Dynos ein Aushängeschild in der Region. profine hat eine führende Position im europäischen Markt für Fensterprofile, Trocellen ist mit einer breiten Palette von PO-Schäumen (Polyolefin-Schäumen) als einer der führenden Hersteller in Europa in verschiedenen Abnehmerbranchen gut vertreten und Dynos ist in dem Marktsegment Schleifscheibenträger aus Vulkanfiber ein weltweit führender Anbieter. Weitere Erfolgsunternehmen sind die DSG Canusa GmbH & Co. KG (Meckenheim) mit der Entwicklung und Produktion von wärmeschrumpfenden Materialien und die Gebra GmbH & Co. Sicherheitsprodukte KG (Hennef) als europaweit führender Hersteller in der Erstausrüstung mit Warndreiecken für Auto- und Lkw-Hersteller.

Bei der Chemischen Industrie ist der Rhein-Sieg-Kreis auch nach den Umstrukturierungen bei der Dynamit Nobel GmbH in

Fortsetzung Seite 72

Wir über uns: WMV Apparatebau GmbH

WMV Apparatebau entwickelt, plant und produziert seit 35 Jahren Maschinen und Anlagen auf dem Gebiet der Oberflächenbehandlung für schüttbare Massenteile.

Unter den Begriff „schüttbare Massenteile" fallen u. a. Schrauben, Bolzen, Muttern, Nägel, Kugellager, Ventilteile, Hülsen, Zieh- und Stanzteile, Nieten, Elektrokontakte und Stecker, Nadeln, Scharniere usw.

Für die im Fertigungsablauf produktspezifischen Anforderungen werden in den entsprechenden Anlagen und Maschinen an der Oberfläche der Massenteile erforderlichen Prozesse durchgeführt. Unterschiedliche Formen, Größen, Materialien sowie die steigenden Ansprüche in punkto Qualität und Schnelligkeit erfordern individuelle Lösungskonzepte.

Die Schwerpunkte der einzelnen Behandlungsschritte sind Rückgewinnung von Ölen, alkalische Reinigungsprozesse, Entphosphatierungen, Beschichtungen (Chrom und Lackieren) usw.

Mit dem Herzstück eines Bundespatentes aus dem Gründungsjahr 1970 – dem Baukastensystem „Variocent" – konnte bis heute die Produktpalette u. a. durch eine Vielzahl weiterer In- und Auslandspatente stark ausgebaut werden. Dies wurde vor allem auch durch die starke Innovation der Mitarbeiter erreicht.

Alle internen betrieblichen Produktionsebenen werden in Verbindung mit einem installierten computergesteuerten Fertigungsleitsystem von der Planung bis zur Auslieferung termingerecht überwacht und produziert.

Zur Erfüllung der hohen Kundenansprüche aus dem In- und Ausland wird ständig in Schulungen der Mitarbeiter sowie in das Dokumentationswesen investiert.

Für die Region ist WMV auch als Ausbildungsbetrieb ein wichtiger Partner. Im Durchschnitt bildet der Betrieb sechs bis sieben Lehrlinge aus.

Seit dem Jahr 2000 hat WMV einen 24-Stunden-Service mit Erfolg eingerichtet.

Auf einen Blick

Gründungsjahr: 1970

Mitarbeiter: über 80

Leistungsspektrum:
- Zentrifugen (Entölen, Trocknen)
- Waschanlagen
- Metallreinigungsanlagen
- Oberflächenbeschichtungsanlagen
- Entphosphatieranlagen
- Chromatieranlagen
- Trocknungsanlagen
- Entölungsanlagen

WMV Apparatebau GmbH, Windeck

Wir über uns: Willkommen bei der Unternehmensgruppe Dr. Starck

Über 50 Jahre ein Familienunternehmen, nunmehr in der 3. Generation erfolgreich geführt: das ist die Unternehmensgruppe Dr. Starck & Co. mit Hauptsitz in Siegburg. Als Spezialist für Gebäude- und Umwelttechnik, Rohrbau und Isolierung begleitet das Unternehmen Kunden vom Privathaushalt bis zum weltweiten Konzern bei allen Projekten – national wie international. Dabei stehen absolute Zuverlässigkeit und die Zufriedenheit der Kunden immer im Mittelpunkt des Serviceangebots.

Mehr als 350 Mitarbeiter sind im Hauptsitz in Siegburg und den bundesweiten Niederlassungen und Stützpunkten beschäftigt und setzen Tag für Tag herausfordernde Lösungen um. Auch als Ausbildungsbetrieb ist die Unternehmensgruppe Dr. Starck seit Jahren aktiv und vermittelt jungen Menschen das nötige Know-how für einen erfolgreichen Start ins Berufsleben.

Auf einen Blick

Gründungsjahr: 1947

Mitarbeiter:
mehr als 350

Leistungsspektrum:
- Stahlhandel
- Isoliertechnik
  - Wärmetechnische Isolierungen
  - Kältetechnische Isolierungen
  - Brandschutz
  - Schallschutz
  - Speziallösungen
- Rohrbau
- Gebäude- und Umwelttechnik
  - Kundendienst
  - Heizungs- und Sanitärtechnik
  - Gebäude-management

■

Dr. Starck & Co.
Siegburg

F+E-Abteilung der Siegwerk Druckfarben AG in Siegburg

Troisdorf noch gut aufgestellt: Die Degussa AG produziert in Niederkassel für die Pharma-, Lack- und Landwirtschaftsindustrie, die Siegwerk Druckfarben AG (Siegburg) zählt zu den weltweit führenden Herstellern von Druckfarben. Die Weco Pyrotechnische Fabrik GmbH (Eitorf) ist Marktführer bei Feuerwerkskörpern, die Collo GmbH (Bornheim) bei der Herstellung von Markenprodukten zur Reinigung, Pflege und Schutz von Elektrogeräten und zur Automobilpflege. Die Mannstaedt-Werke GmbH & Co. KG in Troisdorf ist ein weltweit führender Hersteller von warmgewalzten Profilen aus Stahl. Die Emitec Gesellschaft für Emissionstechnologie mbH (Lohmar) ist Weltmarktführer bei Metallträgern für Fahrzeug-Abgas-Katalysatoren. Die Reifenhäuser GmbH & Co. KG Maschinenfabrik (Troisdorf) zählt zu den weltweit führenden Herstellern von Maschinen und Anlagen zur Verarbeitung thermoplastischer Kunststoffe. Die GKN Walterscheid GmbH (Lohmar) ist Weltmarktführer für landtechnische Antriebssysteme und beliefert die weltweit führenden Landmaschinenhersteller mit komplexen Antriebssystemen, Getrieben, Gelenkwellen und Kupplungen für zum Beispiel Mähdrescher oder Erntemaschinen. Die Hennecke GmbH (Sankt Augustin) ist ein weltweit führender Lieferant für Maschinen und Anlagen zur Polyutheran-Verarbeitung. Die LEMO Maschinenbau GmbH (Niederkassel) ist Weltmarktführer für Folienschweißmaschinen (Müllbeutel, Säcke, Tragetaschen). Die Maschinenbau Kitz GmbH (Troisdorf) gilt als Technologieführer bei der Profil- und Fördertechnik („Mercedes unter den Transportbändern“). Im Fahrzeugbau ist Hayes Lemmerz (Königswinter) das Synonym für die Produktion von Autofelgen, während ZF Boge (Eitorf) für Stoßdämpfer „made im Rhein-Sieg-Kreis“ steht. So weit nur eine Auswahl von bedeutenden mittelständischen Unternehmen aus dem Rhein-Sieg-Kreis. ■

Wohlfühlen mit Erdgas im Haushalt

Auf einen Blick

Gründungsjahr: 1949

Mitarbeiter: 137, davon 9 Auszubildende

Versorgungsgebiet: 17 Städte und Gemeinden

Erdgasabsatz: rund 3100 Mio. kWh pro Jahr

Wasserbezug: rund 3,5 Mio. m³ für rund 35 500 Kunden/Haushalte

Abwassermenge: rund 3,2 Mio. m³ für rund 35 500 Kunden/Haushalte

■ REGIONALGAS EUSKIRCHEN GMBH & CO. KG

Wir über uns: REGIONALGAS EUSKIRCHEN – Energie mit Leistung

Unser tägliches Leben würde ohne Energie nicht funktionieren. Die komfortable und leistungsstarke Energie Erdgas findet in vielen Bereichen Anwendung und trägt somit wesentlich zu einem angenehmen Leben bei.

Im privaten Haushalt sorgt Erdgas für angenehme Raumtemperaturen, warmes Wasser und vieles mehr. Industrie und Gewerbe setzen es als effiziente Prozesswärme ein. Städte und Gemeinden nutzen Erdgas in ihren öffentlichen Einrichtungen, wie zum Beispiel in Schulen und Schwimmbädern.

Im Versorgungsgebiet der Regionalgas – vom Rhein bis zur belgischen Grenze – liefert das Unternehmen Erdgas über ein rund 2000 Kilometer langes Leitungsnetz an zurzeit rund 76 000 Kunden.

In der Gemeinde Alfter und der Stadt Bornheim übernimmt die Regionalgas zusätzlich im Rahmen einer Kooperation mit den Wasser- und Abwasserwerken das gesamte operative Geschäft der Wasserversorgung und der Abwasserentsorgung.

Effiziente Prozessenergie für die Industrie

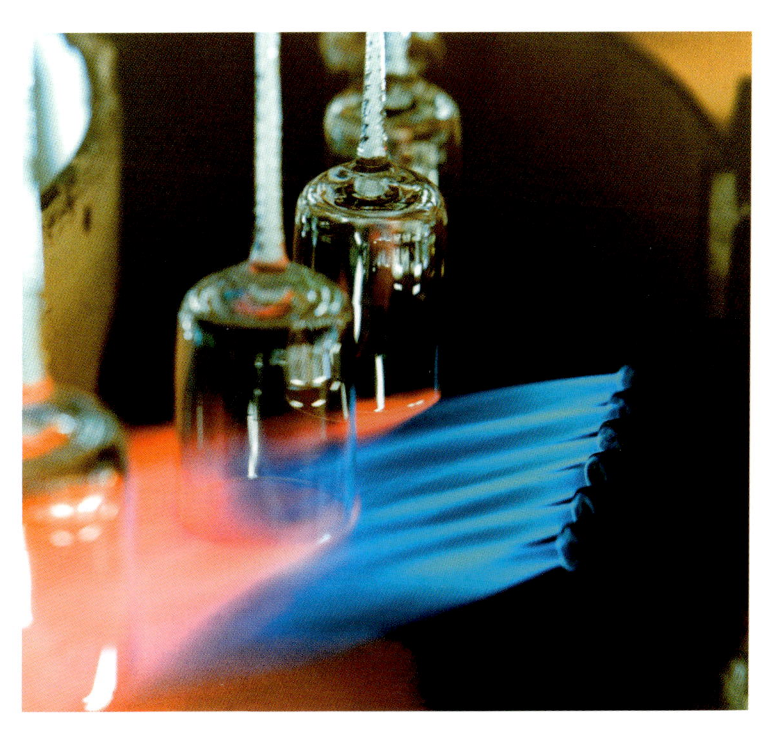

Zukunftsorientierte Dienstleistungen – Motor der Wirtschaft

Dr. Ernst Franceschini / Michael Swoboda

Die Region Bonn/Rhein-Sieg ist ein sehr dynamischer Wirtschaftsraum. Seit dem Fortzug der Bundesregierung und ihrer Behörden Anfang der neunziger Jahre nahmen Bevölkerungs- und Beschäftigtenzahlen stetig zu. Dabei gingen durch den Regierungsumzug in der gesamten Region rund 22 500 Arbeitsplätze verloren. Durch die Verlagerung neuer Bundesbehörden in die Region wurden im Gegenzug 6600 Arbeitsplätze geschaffen. Die Region hat sich zu einem bedeutenden Wirtschaftsstandort im Herzen Europas entwickelt, wobei die Arbeitsmarktentwicklung vorrangig im Bereich der Wirtschaft stattgefunden hat.

Die Bevölkerungsprognosen für das Jahr 2020 gehen von einer weiteren Bevölkerungszunahme in der Stadt Bonn um fünf Prozent und für den Rhein-Sieg-Kreis sogar um 15 Prozent aus. Damit werden im Jahr 2020 über eine Million Menschen in der Region leben. Seit 1990 geht diese Expansion einher mit einer Zunahme der Unternehmen und der Beschäftigten. Seitdem ist die Zahl um ca. 10 000 Firmen gestiegen. Das ist auch auf ein hochwertiges Beratungsnetzwerk für Existenzgründer zurückzuführen, wobei sich zahlreiche professionelle Berater unter dem Dach der Industrie- und Handelskammer ehrenamtlich engagieren. Dienstleistungen im Bereich Telekommunikation und Multimedia stellen in der Region den Schwerpunkt der Gründungen dar. Mit entsprechenden Informations- und Beratungsangeboten zur Unternehmensführung sowie durch begleitende Beratung in Krisensituationen trägt die IHK zur Sicherung bestehender Unternehmen bei.

Die Zahl der sozialversicherungspflichtig Beschäftigten wuchs seit 1991 um über zwölf Prozent auf nunmehr ca. 270 000 Arbeitnehmer. Besonders bedeutsam ist die starke Stellung des Dienstleistungssektors, der sich zum Wachstumsmotor der Wirtschaft entwickelt hat. Während der Anteil dieses Sektors an der Bruttowertschöpfung im Bundesdurchschnitt bei ca. 70 Prozent liegt, sind es an Rhein und Sieg 90 Prozent. Innerhalb des Dienstleistungssektors ist die ITK-Branche besonders hervorzuheben. Allein seit 1995 ist der ITK-Sektor um über 250 Prozent gewachsen.

In der Region sind zurzeit ca. 1800 Unternehmen ansässig. Diese erwirtschaften einen geschätzten Jahresumsatz von zwei Mrd. Euro. Neben der Stadt Bonn gibt es auch im Rhein-Sieg-Kreis bestimmte ITK-Schwerpunkte. Fast 20 000 Beschäftigte im Kreis sind ein Beweis für die Stärke dieses Sektors. Das sind über 15 Prozent aller sozialversicherungspflichtig Beschäftigten. Im Kammerbezirk insgesamt liegt die Stadt Sankt Augustin mit einem Anteil von 31 Prozent der ITK-Beschäftigten noch vor Bonn und der Stadt Hennef. Ursächlich für diesen hohen prozentualen Anteil an sozialversicherungspflichtig Beschäftigten in der Stadt Sankt Augustin ist die Fachhochschule Bonn-Rhein-Sieg, die Fraunhofer Gesellschaft sowie die in diesem Umfeld ausgegründeten Unternehmen. Die regionalen Schwerpunkte im ITK-Sektor sind im rechtsrheinischen Gebiet, insbesondere in Sankt Augustin, Lohmar, Hennef, Siegburg, Troisdorf und Bad Honnef zu finden.

Ein weiterer Wachstumsmotor im Rhein-Sieg-Kreis ist der (Einzel-)Handel, wobei auch hier besondere Zentren zu nennen sind. Insbesondere bei der Betrachtung der Statistiken über die Kaufkraft in der Region wird deutlich, dass mit Siegburg, Sankt

Fortsetzung Seite 80

Die Hauptverwaltung des Unternehmens am Parkgürtel 24 in Köln-Ehrenfeld

Auf einen Blick

Gründungsjahr: 1872 als GEW Köln AG

Mitarbeiter: knapp 3000

Stromverkauf: 31 Mrd. Kilowattstunden

Erdgasverkauf: 10 Mrd. Kilowattstunden

Wärme- und Dampfverkauf: 2,2 Mrd. Kilowattstunden

Wasserverkauf: 94 Mio. Kubikmeter

Umsatz: 2,06 Mrd. Euro

■

RheinEnergie AG
Köln

Wir über uns: RheinEnergie AG

Stark im regionalen Verbund – stark im Wettbewerb

Die RheinEnergie ist ein Infrastruktur-Dienstleistungsunternehmen für die rheinische Region. Sie trägt Verantwortung für rund 2,5 Millionen Menschen sowie für Industrie, Handel und Gewerbe bei der Versorgung mit Energie und Trinkwasser – sicher, zuverlässig und umweltschonend.

Durch die zunehmende Liberalisierung des europäischen Energiemarktes in den letzten Jahren hat sich der ehemals kommunale Energieversorger GEW Köln AG 2002 zum regionalen Dienstleistungsunternehmen RheinEnergie gewandelt. Gemeinsam mit dem strategischen Minderheitspartner RWE und einem Netzwerk von Kooperationen, Beteiligungen und Partnerschaften entstand so ein neues Unternehmen für Dienstleistungen rund um Energie und Wasser. Diese kann im Wettbewerb gut bestehen, ohne dass die kommunalen Anteilseigner ihre Gestaltungsmöglichkeiten aus der Hand geben.

Die Erlöse der RheinEnergie fließen zum Wohl der Region direkt oder indirekt in die Kommunen im Rheinland zurück. Zudem investiert die RheinEnergie beträchtliche Summen in die regionale Infrastruktur und stärkt so die Wirtschaftskraft der rheinischen Region.

Blick in den rund 500 Meter langen begehbaren Fernwärmetunnel der RheinEnergie unter dem Rhein auf Höhe der Hohenzollernbrücke

Stromversorgung in Siegburg: historische Straßenlaterne vor dem Stadtmuseum

Wir über uns: rhenag Rheinische Energie AG

Das Prinzip „Partnerschaft mit Kommunen" ist seit ihrer Gründung 1872 die prägende Geschäftsidee der rhenag. Im Mittelpunkt stehen dabei die Vertretung der gemeinsamen Interessen sowie Hilfestellung und Dienstleistungen für die Kommunen. Insbesondere Stadtwerke und regionale Energieversorger vertrauen auf die betriebswirtschaftliche und technische Kompetenz des Versorgungsunternehmens. Heute ist die rhenag Partner von über 120 Kommunen und betreut in acht Regionalservicestellen mehr als 133 000 Kunden.

Durch diese regionale Aufstellung verfolgt die rhenag konsequent das Ziel einer kundennahen Beratung und Betreuung. Alle kundenorientierten Vorgänge können sowohl in Siegburg als auch in den Regionalservices abgewickelt werden. Selbstverständlich werden hier Kunden auch in allen Fragen rund um Energie, Wasser und Abwasser umfassend und kompetent beraten. Somit übernehmen die Mitarbeiter der Regionalservices vielfältige Querschnittsaufgaben zur Sicherstellung aller Tätigkeiten.

Darüber hinaus bietet die rhenag einen individuellen Großkundenservice für Industrie- und Gewerbebetriebe, die sich im Vorfeld geplanter Projekte über Fragen des Energieeinsatzes informieren können. Dazu gehören Analysen zum Lastgang, zu anwendungsspezifischen Gegebenheiten sowie die Erstellung eines Profils für die individuell günstigste Energienutzung.

Feierliche Einweihung der Erdgasversorgung in Königswinter-Eudenbach mit symbolischer Fackelentzündung durch Bürgermeister Peter Wirtz, rhenag Leiter Energiegeschäft Peter Weckenbrock und Rudolf Martens, Mitarbeiter Regionalservice Königswinter (v. re. n. li.)

Kundennähe und Servicequalität werden bei rhenag gelebt. Kundenforum der rhenag in Siegburg.

Mitarbeiterschulungen, ein umfassendes Umwelt-, Genehmigungs- und Behördenmanagement und ein technischer Bereitschaftsdienst runden das Angebotsspektrum der rhenag ab. Inzwischen nutzen rund 1600 Großkunden das starke Dienstleistungspaket der rhenag.

Auf einen Blick

Gründungsjahr: 1872

Gesellschafter:
RWE Rhein-Ruhr AG in Essen (zu 100 %)

Leistungsspektrum:
rhenag versteht sich als Energiedienstleister für Kunden und Partner der Kommunen mit einem breiten Angebot in den Bereichen

- Energie- und Wasserverkauf
- Vertrieb, Marketing
- Großkunden und Wärme-Contracting
- Kundenservice
- Netzmanagement
- Arbeitssicherheit
- Planung, Bau und Betrieb

Regionalservices:
Betzdorf
Eitorf
Hennef
Königswinter
Mettmann
Niederkassel
Siegburg

rhenag
Rheinische Energie AG
Siegburg

Tief verwurzelt in der Region: Die Stadtwerke Bonn bedienen sowohl die Bundesstadt als auch den Rhein-Sieg-Kreis mit ihrem breit gefächerten Leistungsspektrum.

Wir über uns: SWB – regionale Zusammenarbeit mit Tradition

Wenn regionale Zusammenarbeit zwischen dem Rhein-Sieg-Kreis und der Stadt Bonn eine Tradition hat, dann findet sie sich unter dem Dach des SWB-Konzerns. Die Stadtwerke Bonn: Ein Unternehmen, das seine Wurzel sowohl in Bonn als auch im Rhein-Sieg-Kreis hat, sei es im Nahverkehr, in der Energie- und Wasserversorgung oder in der Abfallwirtschaft. Der Konzern mit rund 2300 Mitarbeitern ist regional orientiert.

Die Mehrheit der Mitarbeiterinnen und Mitarbeiter wohnt im Rhein-Sieg-Kreis, und sie arbeiten seit Jahrzehnten grenzüberschreitend sowohl für Bonn als auch für den Kreis.

Die älteste Tradition kommunaler Zusammenarbeit hat die SSB, das gemeinsame Bahnunternehmen, jeweils zu rund 50 Prozent im Eigentum von Rhein-Sieg-Kreis und Bundesstadt Bonn. Noch zu Kaisers Zeiten gegründet, verbinden die Elektrischen Bahnen der Stadt Bonn und des Rhein-Sieg-Kreises vor allem mit der Stadtbahnlinie 66 die Menschen in der Region. Auch wenn das Unternehmenskürzel SSB (Siegburger Siebengebirgsbahn) nicht mehr im öffentlichen Bewusstsein präsent sein mag, bleibt die Rolle des modernen Stadtbahnsystems für die Zukunft verbindend.

In den fünfziger Jahren festigte sich der Verbund von Kreis und Stadt Bonn mit der Gründung des Wahnbachtalsperrenverbandes. Der Bau der Staustufe vor mehr als 50 Jahren war der Beginn der gemeinsamen Trinkwasserversorgung für weite Teile des Rhein-Sieg-Kreises und die junge Bundeshauptstadt Bonn. Nach der Übernahme der WTV-Betriebsführung durch die SWB ist diese Verbindung vor zwei Jahren weiter gefestigt worden.

Auch in der Energieversorgung gehen Bonn und Kreis mittlerweile gemeinsame Wege. Der Kreis hält einen wesentlichen Anteil am Bonner Energiegeschäft und strebt gemeinsam mit der SWB Energie und Wasser weitere kommunale Kooperationsprojekte an. So hat die SWB bereits die Betriebsführung für die Trinkwasserversorgung in Wachtberg übernommen und ist über die Kreisgrenzen hinaus in der Trinkwasserversorgung im nördlichen Rheinland-Pfalz aktiv.

Kooperation ist auch gegeben, wenn es im Verkehr hoch hinaus geht: Die Flugplatzgesellschaft Hangelar ist ein weiteres Unternehmen mit regional kommunaler Gesellschafterstruktur.

Wachsende Bedeutung erhält die Zusammenarbeit in der Abfallwirtschaft: Kreis und Stadt sind sich einig, künftig noch stärker in der Entsorgung und Verwertung von Abfällen zu kooperieren. Hier bietet der SWB Konzern mit seiner Müllverwertungsanlage die ideal gelegene Entsorgungs- und Verwertungseinrichtung auch für den Abfall aus dem Rhein-Sieg-Kreis.

Wenn zudem mehr als 60 Prozent der rund 90 Auszubildenden im SWB-Konzern ihre Heimat im Rhein-Sieg-Kreis haben, steht auch personell die Zukunft des Konzerns auf sicheren regionalen Beinen.

So reicht das Engagement der SWB weit über die 140 Quadratkilometer Fläche der Bundesstadt Bonn hinaus. Verbundsysteme im Nahverkehr sowie Allianzen bei Energie und Wasser sorgen dafür, dass die SWB ein starker regionaler Partner ist.

Letztlich jedoch ist jeder Erfolg auch ein Beitrag des anspruchsvollen Kunden. Denn Kundenwünsche sind Impuls für neue Ideen und Ideen wiederum sind der Beginn von Innovationen. Das Ergebnis erleben die Verbraucher rund um die Uhr.

Diese Nähe zum Kunden setzt Vertrauen voraus, und Transparenz ist der beste Weg dieses Vertrauen zu gewinnen. Die Stadtwerke Bonn sind korporatives Mitglied bei Transparency International Deutschland, ein wirksamer Schritt der präventiven Korruptionsbekämpfung.

Mehr als 2300 Mitarbeiter, verteilt auf die sieben Unternehmen der Stadtwerke Bonn, sichern die optimale Versorgung der Kunden im Bereich Energie und Wasser, Bus und Bahn, Abfallverwertung und Hafen. Keine Lampe, kein Tropfen Leitungswasser, für den sich die SWB-Mitarbeiter nicht verantwortlich fühlen. Selbst der Müll wird zum Mehrwegprodukt. Dank modernster Technologie erfolgt in der Bonner Müllverwertungsanlage die Umwandlung in Energie und ist so der Baustein eines perfekten Kreislaufs. Wo die SWB ihre Kreise ziehen, sind die Kunden gut versorgt!

Auf einen Blick

Gründungsjahr:
vor 1900

Mitarbeiter: 2300

Leistungsspektrum:
- Versorgung mit Strom, Erdgas, Fernwärme und Wasser
- Öffentlicher Personennahverkehr
- ÖPNV-Dienstleistungen aller Art
- Bus- und Bahnvermietung an Privatkunden
- Technische Dienstleistungen
- Thermische Abfallbehandlung
- Energie-Recycling
- Hafenbetrieb, Verladung
- Contracting

Konzernstruktur:
Holding:
- SWB GmbH

Tochterunternehmen:
- SWB Energie und Wasser
- SWB Bus und Bahn
- SSB Elektrische Bahnen der Stadt Bonn und des Rhein-Sieg-Kreises
- SWB Mobil
- SWB Service
- SWB Verwertung
- SWB Hafen
- EGM Gesellschaft für Energie und Gebäudemanagement

■
SWB GmbH, Bonn

Auf einen Blick

Gründungsjahr: 1939

Mitarbeiter: etwa 20

Leistungsspektrum:
- Errichtung von Miet- und Eigentumswohnungen sowie Kaufeigenheimen
- Verwaltung von eigenem und fremdem Grundbesitz

Gemeinnützige Wohnungsbaugesellschaft für den Rhein-Sieg-Kreis mbH Sankt Augustin

Wir über uns: Gemeinnützige Wohnungsbaugesellschaft für den Rhein-Sieg-Kreis mbH

Seit rund 65 Jahren erfüllt die Gemeinnützige Wohnungsbaugesellschaft für den Rhein-Sieg-Kreis mbH nach sozial verantwortbaren Grundsätzen die Wohnraumversorgung für breite Kreise der Bevölkerung. Planen, Bauen, Verwalten – das sind die Aufgaben der GWG. Neben dem Rhein-Sieg-Kreis gehören der GWG als Gesellschafter die Städte Lohmar, Rheinbach, Niederkassel, Bad Honnef, Hennef, Sankt Augustin, Königswinter sowie die Gemeinden Eitorf, Windeck, Neunkirchen-Seelscheid, Much und Ruppichteroth an. Bis heute hat die GWG über 3000 Wohnungen errichtet, darunter 949 Eigenheime und 43 Eigentumswohnungen. Außerdem wurden 631 Neubauwohnungen im Auftrag von Privatpersonen erstellt. Der eigene Bestand umfasst rund 2600 Mietwohnungen und 440 Garagen. Die GWG wird traditionell auch in Zukunft ihrer sozialen Verantwortung nachkommen und mit der Schaffung soliden Wohnraums ihren Beitrag zum wachsenden Wohnungsbedarf im Rhein-Sieg-Kreis leisten.

Augustin und Bonn gleich drei Städte aus der Region einen enormen Kaufkraftzufluss zu verzeichnen haben. Ein weiterer Indikator für die Attraktivität des Einzelhandels ist die Umsatzkennziffer, die den Teil der allgemeinen Kaufkraft darstellt, der im Einzelhandel erwirtschaftet wird. Steigt diese über die einzelhandelsrelevante Kaufkraft, so werden dort mehr Einkäufe getätigt als die dort lebende Bevölkerung im Einzelhandel ausgibt. Das bedeutet, dass auch Einwohner des Umlandes zum Einkaufen in die Region kommen. Besonders hoch ist die Umsatzkennziffer in Siegburg (166,1/8240 Euro pro Einwohner), das noch vor Bonn (126,0/6252 Euro) und Sankt Augustin (122,5/6077 Euro) liegt. Die Kreisstadt hat sich in den letzten Jahren zu einem Magneten entwickelt, der weit in den Rhein-Sieg-Kreis hinein wirkt. In Zukunft wird Siegburg auch als Einpendlerzentrum weiter an Bedeutung gewinnen.

Die Grundlagen für eine andauernde positive Entwicklung der Wirtschaftsregion sind also gelegt. Für den Wirtschaftsstandort Bonn/Rhein-Sieg im Jahr 2010 fordert die IHK neben einer unbedingten Gesetzes- und Vertragstreue bei der Umsetzung des Bonn-Berlin-Beschlusses die Weiterentwicklung der Region von einem überwiegenden Behörden- zu einem überwiegenden Wirtschaftsstandort. Ein gesunder Branchenmix zwischen Dienstleistungen und Industrie, die regionale Kooperation auch mit benachbarten Ballungsräumen, ein wirtschaftsfreundliches Klima und eine gute Infrastruktur sind Voraussetzungen dafür.

Der globale Wettbewerb ist zunächst ein Wettbewerb der Regionen um Investitionen und Unternehmen, um Fach- und Führungskräfte. Die 2004 gegründete Standortmarketing Region Köln/Bonn GmbH soll dabei helfen, die Region international als attraktiven Wirtschaftsstandort zu vermarkten. Der Kölner Dom, Museen und Messe, aber auch Beethoven und der Rhein sind weltweit bekannt und positiv besetzt. Dieses positive Image muss die Region nutzen, um ihre vorhandenen Potenziale national und international noch besser auszuschöpfen. ■

Immobiliengeschäft
mit Familientradition:
Kolja und Paulegon Pitz

Wir über uns: Pitz & Partner Immobiliengesellschaft mbH

Pitz & Partner ist ein Familienunternehmen mit langjähriger Tradition und Erfahrung. 1977 gegründet, ist es heute hochspezialisierter Dienstleister für Marketing und Vertrieb von Neubau-Wohnimmobilien in der Region und möchte möglichst vielen Menschen den Traum vom eigenen Zuhause erfüllen. Bis heute hat Pitz & Partner bereits mehr als 2500 Familien auf dem Weg in die eigenen vier Wände begleitet.

Faire und kompetente Beratung sowie ein umfangreiches Angebot an preiswerten familiengerechten Einfamilienhäusern in der Region Köln-Bonn/Rhein-Sieg: Das sind die Leistungen, mit denen Pitz & Partner bei ihren Kunden einen hervorragenden Ruf erworben hat.

Darüber hinaus fördert das Unternehmen durch seine Mitarbeit in verschiedenen Gremien und durch seine Eigeninitiative „NEUES BAUEN" aktiv die Verbesserung der Voraussetzungen für erschwingliche Eigenheime, so dass sich auch junge Familien mit Kindern den Kauf eines Hauses leisten können.

Auf einen Blick

Gründungsjahr: 1977

Mitarbeiter: 15

Leistungsspektrum:
- Standortanalyse
- Produktmanagement
- Gestaltung von Marketingmaterialien
- Kaufberatung und -abwicklung
- Finanzierungsberatung, -beantragung und -abwicklung
- Beratung, Verprobung und Beantragung öffentlicher und nichtöffentlicher Mittel
- Customer Evaluation Services CES©

■

Pitz & Partner Immobiliengesellschaft mbH, Siegburg

Kaum eine Verschnaufpause: Fahrzeuge und Personal sind ständig unterwegs.

Wir über uns:
RSAG – Abfallentsorgung auf hohem Niveau

Wer sich auf die Entdeckungsreise durch die „Welt des Mülls" begibt, kommt an der Rhein-Sieg-Abfallwirtschaftsgesellschaft mbH (RSAG) nicht vorbei. Auf jeden Fall nicht im Rhein-Sieg-Kreis. Denn seit mehr als zwei Jahrzehnten steht die kommunale Entsorgungsgesellschaft für Kontinuität und Verlässlichkeit bei nicht mehr wegzudenkenden Dienstleistungen: Sie kümmert sich um die reibungslose Entsorgung von Siedlungsabfällen und die hochwertige und umweltschonende Aufbereitung von Wertstoffen. Abfallentsorgung auf hohem Niveau unter strikter Einhaltung umweltrelevanter Vorgaben wird von der RSAG seit Jahren im Rhein-Sieg-Kreis praktiziert.

Davon profitieren rund 600 000 Menschen in den 19 Städten und Gemeinden des Kreises. Aber nicht nur die, denn die RSAG ist auch ein starker Partner für die regionale Wirtschaft mit ihren tausenden Beschäftigten. Für die meisten dieser Menschen ist die RSAG ihr erster Ansprechpartner, wenn es um die Entsorgung von Abfällen geht. Sie vertrauen dabei auf professio-

nelle und individuelle Dienstleistungen. Die Mitarbeiter setzen all ihr Engagement dafür ein, die zahlreichen Kundenwünsche zu erfüllen. Eine „saubere Arbeit" ist der Maßstab, an dem die RSAG ihr Handeln orientiert.

Die Abfallwirtschaftsgesellschaft erbringt neben den klassischen Abfuhrleistungen wie dem Leeren der verschiedenen Abfallgefäße, der Abholung von Sperrmüll, Elektrogroßgeräten, Grünabfällen sowie der mobilen Einsammlung von Schadstoffen zahlreiche weitere Dienstleistungen auf dem Abfallsektor. Dazu gehören u. a. die Annahme und Ablagerung von Böden, Bauschutt, Asbest und mineralischen Abfällen sowie die Aufbereitung von Industriewässern. Annähernd 440 000 Tonnen Abfall zur Beseitigung und Verwertung werden jährlich bewegt. Um diesen Mengen Herr zu werden, betreibt die Gesellschaft zwei Umladestationen sowie einen Entsorgungs- und Verwertungspark mit weiteren darauf befindlichen Entsorgungseinrichtungen.

Bei allen Leistungen spielt der Umweltaspekt eine ganz entscheidende Rolle. So unternimmt die RSAG große Anstrengungen zum Schutz vor Grundwasserbelastungen und der Bildung von klimaschädlichen Gasen in bereits verfüllten Deponien. Deponiesickerwasser wird in einer eigens errichteten Anlage gereinigt, und auch die anfallenden Deponiegase werden über Leitungen in einer Gaszentrale erfasst.

Als kommunales Unternehmen mit einem modernen Entsorgungskonzept, einem gut funktionierenden betriebswirtschaftlichen Controlling und hoch motivierten Mitarbeitern besitzt die RSAG langfristig eine gute Basis in einem Abfallmarkt voller Bewegung und Herausforderungen, um die anstehenden Aufgaben zum Wohle der Kunden zu lösen. Abfall ist zwar das Unternehmensgeschäft, aber das Handeln wird bestimmt von den Erwartungen und Bedürfnissen der Kunden. Dafür bündelt die RSAG ihre Kräfte.

Ablagerung auf der Bauschuttdeponie in Sankt Augustin

Am Ende steht klares Wasser: aufwändige Reinigung von Deponiesickerwasser und Industriewässern

Auf einen Blick

Gründungsjahr: 1983

Mitarbeiter: 120

Gesellschafter:
Rhein-Sieg-Kreis

Aufgabe:
Durchführung der Abfallentsorgung im Rhein-Sieg-Kreis

Leistungsspektrum:
u. a.
- Einsammeln und Transportieren von Abfällen
- Behältermanagement
- Fachgerechte Entsorgung von rund 170 Abfallarten
- Betrieb moderner Abfallanlagen
- Beratungsleistungen

Standorte:
- Siegburg: Geschäftszentrale
- Troisdorf-Friedrich-Wilhelms-Hütte und Swisttal-Miel: Umladestationen
- Sankt Augustin-Niederpleis: Entsorgungs- und Verwertungspark

Rhein-Sieg-Abfallwirtschaftsgesellschaft mbH (RSAG)
Siegburg

Erweiterung Senioren- und Pflegeheim Limbach Stiftung, Wachtberg

Fußgängerzone Meckenheim

Wir über uns: SGP Architekten + Stadtplaner

Städtebauliche und architektonische Entscheidungen müssen dem gleichen Leitbild entstammen. Die richtige Flächenwidmung und die urbane Baustruktur sind entscheidende Kriterien.

Durchdringung und Verflechtung von Nutzungen – horizontal und vertikal – sind für „städtisches Leben“ sowohl formal als auch funktional entscheidende Voraussetzung.

Räume schaffen, wenn möglich ein Kontinuum, ist letztlich das Ziel. Auch Städtebau ist Raumkunst. Dies wird exemplifiziert bei den bundesweiten Planungen von SGP im Städtebau und Hochbau, bei vielen Plänen zur Stadterneuerung und -entwicklung im Norden, Süden, Westen und seit 1990 auch im Osten.

Seit mehr als 30 Jahren ist das Büro in Meckenheim und Bonn mit im Mittel 10 bis 15 Architekten als überregionales Büro auch im Rhein-Sieg-Kreis in vielen Städten und Kommunen tätig.

Regionalplanerische Aufgabenstellungen, darunter alle Gebiete der Bauleitplanung (Rahmenplanungen, Flächennutzungspläne, Bebauungspläne), interdisziplinäre Gutachten, Stadtbildanalysen bis hin zu Einzelthemen wie Windenergienutzung und ökologische Zielplanungen, werden auf städtebaulicher Ebene bearbeitet.

Als bauliche Realisierungen wird – häufig auf Basis von Wettbewerbserfolgen und ersten Preisen – aktuell eine Palette von Projekten wie Arbeitsämter, Museen, Rathäuser, Bauten für Gesundheitswesen und Pflege, Krankenhausbau, Wohnungsbau, innerstädtische Wohn- und Geschäftshäuser sowie Gewerbe- und Industriebauten geplant.

Auf einen Blick

Gründungsjahr: 1972

Leistungsspektrum:
- Stadtplanung
- Architektur
- Hochbau
- Freiraumgestaltung
- Forschung
- Hochschule

Gesellschafter:
- Architekt Prof. Dipl.-Ing. Friedrich Spengelin BDA
- Architekt Dipl.-Ing. Rüdiger Hoegen
- Architekt Dr.-Ing. Detlef J. Naumann
- Architekt Dipl.-Ing. Friedrich Hachtel Lehrbeauftragter der FH Köln

beratend:
- Architekt Dr.-Ing. Jürgen Gerlach Tätigkeit als senior expert/ Stadtplaner
- Architekt Dipl.-Ing. Lothar Kistler

Mitarbeiter:
15 bis 20 Architekten, Stadtplaner, Diplomingenieure

SGP Architekten + Stadtplaner Meckenheim/Bonn Hannover

„Monitoring“ im Gelände zur Erfolgskontrolle umgesetzter Maßnahmen für den Biotop- und Artenschutz

Wir über uns: Planungsbüro Ginster und Steinheuer

Seit 1992 sind Ginster und Steinheuer als Umwelt- und Fachplaner im Raum Köln-Bonn-Koblenz-Aachen tätig. Für öffentliche Planungsträger wie Rhein-Sieg-Kreis, Staatliches Umweltamt Köln, zahlreiche Kommunen sowie viele private Vorhabensträger hat das Büro in dieser Zeit eine breite Palette komplexer und anspruchsvoller Planungsaufgaben erfolgreich zum Abschluss gebracht.

Die räumliche Nähe zu den Projekten und die langjährige Kenntnis des Planungs- und Entscheidungsumfeldes gewährleistet hierbei zielorientierte, pragmatische Problemlösungen.

Ihre fachliche Kompetenz und die Fähigkeit, auch nahezu gegensätzliche Standpunkte zu einem lösungsorientierten Konsens zu führen, helfen Ginster und Steinheuer dabei, auch strittige Vorhaben umweltgerecht zu gestalten.

Besonderen Wert legt das Büro auf die Teamfähigkeit seiner Mitarbeiter und auf die reibungslose Kommunikation und Koordination mit anderen Verfahrensbeteiligten (wie zum Beispiel Stadtplanern, Bauingenieuren oder Rechtsberatern), damit die stetig komplexeren Genehmigungsverfahren effizient zum Ziel geführt werden.

Interner Erfahrungsaustausch und Diskussion von Detailfragen führen zu ausgewogenen und „zu Ende gedachten“ Planungslösungen.

Auf einen Blick

Gründungsjahr:
1992

Büroinhaber:
Dipl.-Ing. Michael Ginster
Dipl.-Geogr. Hans-Gerd Steinheuer

Fachpersonal:
4 Dipl.-Ing. Landespflege

Techn. Ausstattung:
6 EDV-Arbeitsplätze mit umfangreicher Planungssoftware (zum Beispiel AutoCAD, ArcView, RxAutoImage, OrcaAVA)

Tätigkeitsfelder:
- Landschaftsplanung
- Umweltverträglichkeitsstudien
- FFH-Verträglichkeitsuntersuchungen
- Landschaftspflegerische Begleitplanung
- Biotopmanagementplanung
- Gewässerentwicklung
- Kompensationsflächenmanagement
- Abgrabungsplanung
- Bauleitplanung
- Objektplanung
- Ausschreibung
- Bauleitung
- Öffentlichkeitsarbeit
- Verfahrensbegleitung
- Beratung

Planungsbüro Ginster und Steinheuer GbR, Meckenheim

Hauptsitz der ACT IT-Consulting & Services AG in Niederkassel

Wir über uns: ACT IT-Consulting & Services AG

Dynamisch gewachsene IT-Strukturen sind oftmals geprägt von Heterogenität. Das birgt die Gefahr, dass Teilsysteme nicht vollständig integriert sind. Die entstehenden Lücken werden häufig manuell überbrückt oder als unabwendbar hingenommen.

Genau hier setzen die Tätigkeiten von ACT IT-Consulting & Services an. Das Unternehmen integriert heterogene Technologien und optimiert damit den firmenweiten Informationsfluss. Aufwändig zu verwaltende Insellösungen werden so konsequent vermieden. Darüber hinaus fördert die durch Integration geschaffene gemeinsame Basis nachhaltig das vollständige Zusammenwirken aller Geschäftsprozesse.

Mit den drei Bausteinen Identifikation mit den Unternehmenszielen seiner Kunden, Sicherheit bei der Implementierung in die vorhandene Systemlandschaft und dem Prinzip der Nachhaltigkeit für ein dauerhaft wirtschaftliches Handeln hat sich ACT einen Kundenkreis weit über die Grenzen der Region hinaus erschlossen.

Neben dem technisch Machbaren berücksichtigt ACT auch stets die individuellen und ökonomischen Aspekte der beratenen und betreuten Lösungen. Damit unterscheidet sich das Unternehmen in seinem Leistungsspektrum von vielen Mitbewerbern am Markt. ACT ist ein IT-Unternehmen, das seinen Kunden mehr bietet als ausschließlich fachliche Fähigkeiten.

Auf einen Blick

Gründungsjahr: 1982

Mitarbeiter: ca. 100

Leistungsspektrum:
Beratung, Services und Software-Entwicklung für alle relevanten Systeme, die in Unternehmen des gehobenen Mittelstandes und darüber hinaus eingesetzt werden.
Schwerpunkte:
- Datenbanken
- EAI
- System-Management
- Corporate Networks
- Server-Technologien
- Software-Entwicklung
- Web-Technologien

ACT IT-Consulting & Services AG Niederkassel

Am Standort Sankt Augustin des HVBG arbeiten knapp 600 Beschäftigte.

Auf einen Blick

Gründungsjahr: 1887

Mitarbeiter:
insgesamt rund 850, davon knapp 600 am Standort Sankt Augustin, etwa 60 in Hennef

Weitere Standorte:
BG-Institut Arbeit und Gesundheit in Dresden (ca. 90 Mitarbeiter) und Berliner Büro (sechs Mitarbeiter)
Stand: September 2005

Aufgaben:
- Vertretung gemeinsamer Interessen der Berufsgenossenschaften
- Wahrnehmung gemeinsamer Aufgaben der Berufsgenossenschaften
- Beratung
- Forschung
- Öffentlichkeitsarbeit
- nationale und internationale Kooperationen
- überstaatliche Aufgaben im Sozialversicherungsrecht

Wir über uns: Hauptverband der gewerblichen Berufsgenossenschaften

Als Spitzenverband der gesetzlichen Unfallversicherung fördert der Hauptverband der gewerblichen Berufsgenossenschaften in Sankt Augustin die gemeinsamen Aufgaben und Interessen der gewerblichen Berufsgenossenschaften. Sie sind zuständig für 43 Millionen Versicherte und gut drei Millionen Unternehmen der gewerblichen Wirtschaft in Deutschland. Der Hauptverband kümmert sich insbesondere um die politische Interessenvertretung sowie um Kooperationen auf nationaler und internationaler Ebene. Er konzipiert und entwickelt in Kooperation mit den Berufsgenossenschaften u. a. effektive Präventionsmaßnahmen, innovative Ansätze für Sicherheit und Gesundheit bei der Arbeit sowie Strategien für erfolgreiche Rehabilitationsmaßnahmen.

Der größte Einzelbereich des Verbandes ist das Berufsgenossenschaftliche Institut für Arbeitsschutz (BGIA). Es unterstützt die Berufsgenossenschaften bei ihrer Präventionstätigkeit, vor allem in technisch-naturwissenschaftlichen Fragen. Das BGIA forscht und berät, analysiert chemische und biologische Arbeitsstoffe, führt betriebliche Messungen durch und arbeitet in der Normung und Regelsetzung.

Ein weiterer Bereich des Verbandes im Rhein-Sieg-Kreis ist die Berufsgenossenschaftliche Akademie (BGA). Die BGA in Hennef ist die zentrale Bildungsstätte der gewerblichen Berufsgenossenschaften für Mitarbeiterinnen und Mitarbeiter des nichttechnischen Verwaltungsdienstes.

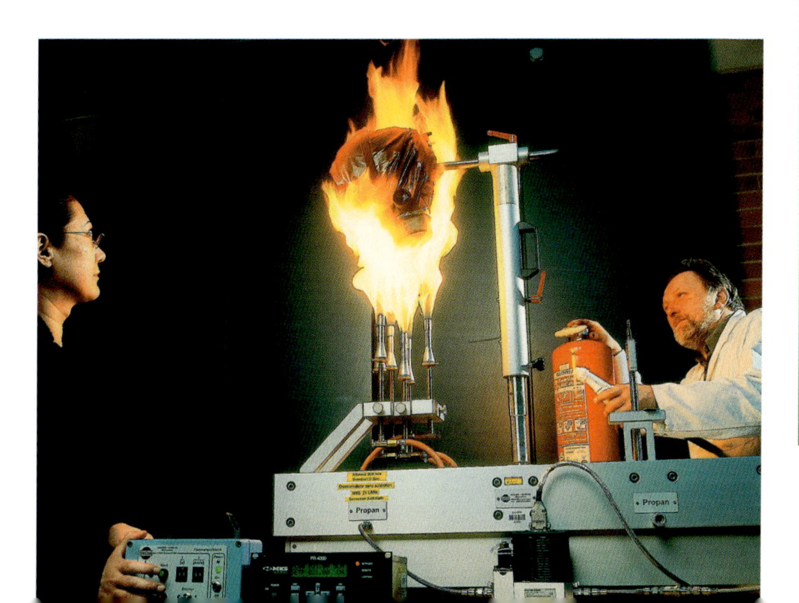

Entflammbarkeitsprüfung von persönlicher Schutzausrüstung im BGIA

Hauptverband der gewerblichen Berufsgenossenschaften Sankt Augustin

In der Region für die Region – leistungsstarkes öffentlich-rechtliches Kreditwesen

Hans-Peter Krämer

Geschichte und Erfolg der öffentlich-rechtlichen Sparkassen gründen auf einem über Jahrzehnte gewachsenen Fundament. Infolge der engen Verbindung zu ihren öffentlichen Trägern identifizieren sich die Sparkassen in hohem Maße mit lokalen Aufgaben und Projekten in ihrem Geschäftsgebiet.

Verlässlichkeit und Präsenz in der Fläche zeichnen die Sparkassen aus – in ihrer Vertriebsausrichtung stellen sie eine besondere Nähe zu ihren Kunden sicher und versorgen diese flächendeckend mit modernen Finanzdienstleistungen. Ungeachtet des harten marktwirtschaftlichen Wettbewerbs ist und bleibt für die öffentlich-rechtlichen Sparkassen die Gemeinwohlorientierung zum Vorteil der Menschen und Unternehmen im jeweiligen Geschäftsgebiet kennzeichnend.

Als bekennendes kommunales Institut nimmt die Kreissparkasse Köln sowohl kreditwirtschaftliche als auch gesellschaftliche Verantwortung wahr.

Größe und Nähe schließen sich dabei nicht aus: Im Rhein-Sieg-Kreis unterhält die Kreissparkasse Köln 66 Geschäftsstellen mit über 1200 Mitarbeitern. Insgesamt ist sie in den vier Trägerkreisen mit 207 Geschäftsstellen und 4000 Mitarbeitern (Ausbildungsquote 13 Prozent) vertreten. Die Zahlen unterstreichen eindrucksvoll ihre Bedeutung als regionaler Arbeitgeber und Ausbilder.

In vielerlei Hinsicht leistet die Kreissparkasse Köln einen bedeutenden Beitrag zur Stärkung und Entfaltung der im Rhein-Sieg-Kreis vorhandenen Potenziale. Das Engagement erstreckt sich dabei nicht nur auf die intensive Betreuung von Privatkunden, Unternehmen und Selbstständigen sowie kommunalen Kunden. Es äußert sich vielmehr auch in der Mitwirkung an zahlreichen Projekten zur Erhaltung und Verbesserung der regionalen bzw. lokalen Infrastruktur sowie einer zielgerichteten aktiven Wirtschaftsförderung.

So ist die Kreissparkasse Köln an elf Wirtschaftsförderungs- und Entwicklungsgesellschaften im Rhein-Sieg-Kreis beteiligt, welche die regionale Strukturpolitik unterstützen. Hier bringt sie neben finanziellen Mitteln auch ihr eigenes Know-how aktiv ein.

Aktuell hervorzuheben ist die Einrichtung einer Professur für Existenzgründungs- und Mittelstandsmanagement an der Fachhochschule Bonn-Rhein-Sieg. Neben theoretischen Grundlagen stehen hier vor allem praktische Aspekte einer Gründung im Vordergrund. Unterstrichen wird die Professur durch die BusinessCampus Rhein-Sieg GmbH, welche gemeinsam mit dem Rhein-Sieg-Kreis und der Fachhochschule sowie der Kreissparkasse Köln gegründet wurde. Insgesamt 1400 Quadratmeter Büro- und Lagerfläche stehen an den Standorten Rheinbach und Sankt Augustin für Gründungen aus der Hochschule heraus zur Verfügung.

Die Kreissparkasse Köln unterstützt jedoch nicht nur die wirtschaftliche Entwicklung in der Region. Im Rahmen eines breit angelegten Stiftungsengagements fördert sie auch kulturelle, gemeinnützige und sportliche Aktivitäten. Die „Städte- und

Fortsetzung Seite 92

Die neue Fassade
der Kreissparkasse in
Siegburg

S-Carré Siegburg
mit Blick auf die Abtei
Michaelsberg

Wir über uns: Kreissparkasse Köln

Die Kreissparkasse Köln ist als regionales Institut eng mit dem Kölner Wirtschaftsraum verbunden. Ihr Geschäftsgebiet umfasst auf einer Fläche von 3650 Quadratkilometern neben dem Rhein-Sieg-Kreis auch den Rhein-Erft-Kreis, den Rheinisch-Bergischen Kreis und den Oberbergischen Kreis.

Mit Finanzdienstleistungen von der Geldanlage bis zur Unternehmensfinanzierung bietet die Kreissparkasse Köln in der Region ein flächendeckendes Angebot. Unmittelbare Kundennähe ist bei der Kreissparkasse Köln kein Zufall.

Die Kreissparkasse Köln zeichnet sich durch vielfältige Innovationen als einer der Pioniere ihrer Branche aus. So führte sie als erste in Europa bereits in den 1960er Jahren den Kleinkredit ein. Die ersten SB-Geräte und Geldautomaten, so zum Beispiel ein Automat zur Bargeldeinzahlung im Jahr 1996, wurden in der Kreissparkasse Köln installiert. Im Internet war die Kreissparkasse Köln ebenfalls als eines der ersten Kreditinstitute vertreten.

Insbesondere ist die Kreisparkasse Köln bemüht, den wirtschaftlichen und sozialen Fortschritt breiter Bevölkerungskreise und der mittelständischen Wirtschaft zu fördern sowie Aufgaben der Kommunen und andere öffentlich-rechtliche Körperschaften im Kölner Wirtschaftsraum zu unterstützen.

Die älteste Vorgängerin der heutigen Kreissparkasse Köln ist die Sparkasse der Stadt Wipperfürth, die bereits 1853 gegründet wurde. Damit kann das Kreditinstitut auf eine über 150-jährige Tradition und Erfahrung in der Region zurückblicken.

Persönliche Beratung wird bei der Kreissparkasse Köln groß geschrieben.

Der Gastronomiebereich im S-Carré lädt zum Verweilen ein.

Auf einen Blick

Gründungsjahr: 1853

Mitarbeiter: 4000

Leistungsspektrum:
Die Kreissparkasse Köln verbindet moderne Finanzdienstleistungen und öffentlichen Auftrag.

Geschäftsstellen: 207

Bilanzsumme:
21,8 Mrd. Euro
(Stand 31.12.2004)

Kreissparkasse Köln

Blick in die Schalterhalle der neu gestalteten Filiale in Siegburg, Kreissparkasse Köln

Gemeinden-Stiftung im Rhein-Sieg-Kreis", die „Sparkassenstiftung für den Rhein-Sieg-Kreis" sowie die Stiftung „Kreissparkasse – Für uns Pänz" sind mit einem Dotationskapital von über 16,5 Mio. Euro ausgestattet und ermöglichen ein ausgeprägtes Engagement in und für die Region. Insgesamt verfügt die Kreissparkasse Köln über 13 Einzelstiftungen mit einem Gesamtdotationskapital von 63 Mio. Euro.

Besondere Beachtung findet das in Siegburg neu entstandene S-Carré. Auf der Fläche der ehemaligen Hauptpost entstand in Rekordzeit der neue Blickfang der Kreisstadt. Das moderne Büro- und Geschäftsgebäude der Kreissparkasse Köln fügt sich harmonisch in das Stadtbild mit der Abtei Michaelsberg und der romanischen Kirche St. Servatius ein.

Wie bereits seit über 150 Jahren wird die Kreissparkasse Köln auch künftig moderne Finanzdienstleistungen und öffentlichen Auftrag verbinden, um ihrer wirtschaftlichen, kulturellen und gesellschaftlichen Verantwortung auch weiterhin gerecht zu werden. ■

Das Hauptgebäude der VR-Bank Rhein-Sieg am Europaplatz in Siegburg wurde gerade von Grund auf saniert und aufgestockt.

Auf einen Blick

Gründungsjahr: 1890

Mitarbeiter:
469 inklusive
29 Auszubildende

Leistungsspektrum:
- Banking & Service
- Geldanlage
- Finanzierung
- Vorsorge & Versichern
- Immobilien & Bauen
- Firmenkunden

Mitglieder: 32 694

Konten: rund 240 000

Bilanzsumme 2004:
1,417 Mrd. Euro

Wir über uns: VR-Bank Rhein-Sieg eG – 26-mal in der Region

Die VR-Bank Rhein-Sieg ist ein Kreditinstitut, das sämtliche Anforderungen erfüllt, die heute an eine moderne und leistungsfähige Bank gestellt werden. „Wir sind als Multikanalbank am Markt orientiert, nutzen die Angebote unserer Verbundpartner und bieten unseren Privat- und Geschäftskunden eine Rundumversorgung“, so der Vorstandssprecher Dr. Michael Kaufmann. Zu den Verbundpartnern gehören die Bausparkasse Schwäbisch Hall, die Deutsche Genossenschafts-Hypothekenbank (DGHYP), die Deutsche Immobilien Fonds AG (DIFA), die DZ Bank, die Münchener Hypothekenbank, die R+V Versicherung, Union Investment, VR-Leasing und die Westdeutsche Genossenschafts-Zentralbank (WGZ).

Mit 26 Geschäftsstellen in der Region ist die VR-Bank Rhein-Sieg sehr kundennah vertreten. Die Bank sieht sich als kompetenter Allfinanzdienstleister mit speziellen Produkten für Privatkunden, Handwerksbetriebe und den Mittelstand. Schwerpunkte sind hier Immobilienfinanzierung, Vermögensberatung, Altersvorsorge sowie das mittelständische Kreditgeschäft.

Als genossenschaftliches Kreditinstitut bietet die Bank ihren Mitgliedern „VR-mehrWert“, ein Programm, von dem jeder Bankteilhaber profitieren kann. www.VR-mehrWert.de informiert über Preisvorteile bei vielen Kooperationspartnern in der gesamten Region Bonn Rhein-Sieg.

■

VR-Bank Rhein-Sieg eG
Siegburg

Verkehr und Logistik – Drehscheibe Rhein-Sieg-Kreis

Dr. André Berbuir / Christoph Groneck

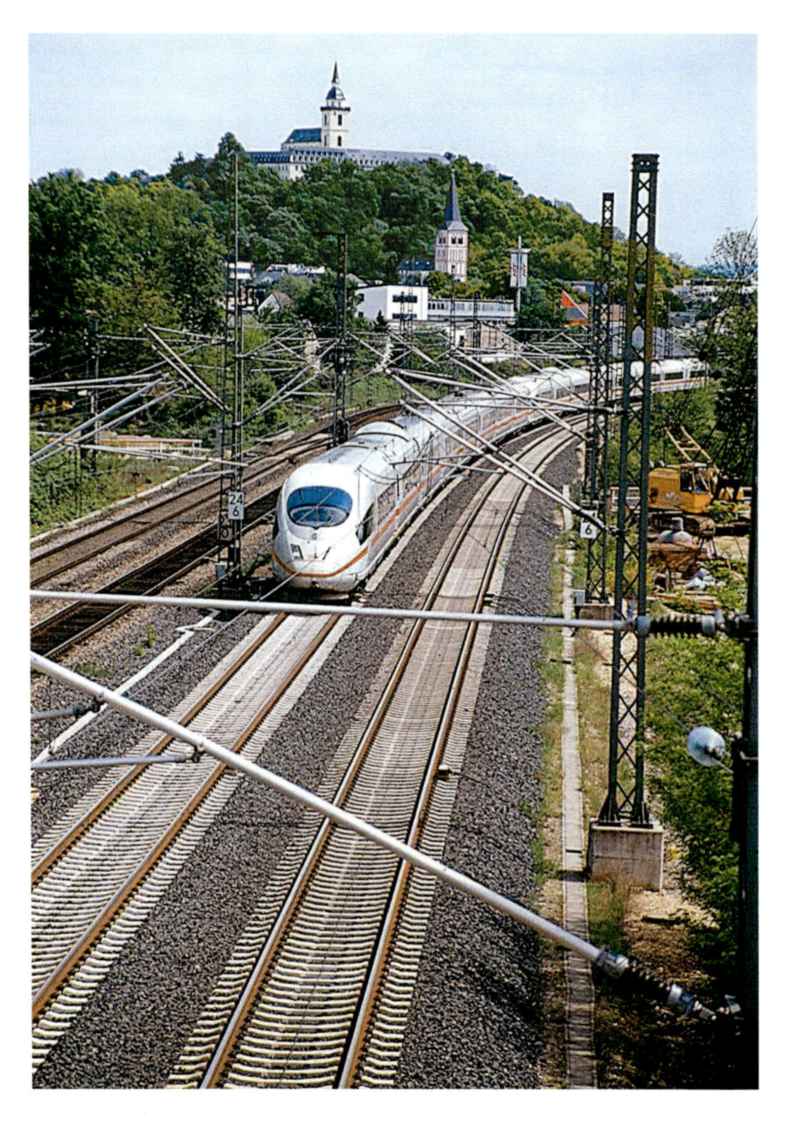

Seit 2002 ist Siegburg ICE-Bahnhof und damit an das europäische Hochgeschwindigkeitsnetz der Bahn angebunden.

Im Rhein-Sieg-Kreis findet man sowohl stark verdichtete Räume, zu denen die Städte und Gemeinden der Ballungsrandzone um die Bundesstadt Bonn herum zählen, als auch deutlich dünner besiedelte Gebiete mit dispersen Siedlungsstrukturen. Das Gebiet des Rhein-Sieg-Kreises liegt zu beiden Seiten des Rheins, der sich in Jahrhunderten zu einer europäischen Hauptverkehrsachse entwickelte. Diese begünstigte Lage zeigt die Entwicklung des dichten Siedlungsbandes – der so genannten Rheinschiene –, welches sich heute vom Duisburger Raum fast durchgehend bebaut bis zum südlichen Ende des Rhein-Sieg-Kreises zieht.

Heute wird der Strom nach wie vor von der Binnenschifffahrt – mit dem Frachthafen in Bonn – stark befahren und an beiden Uferseiten von wichtigen Verkehrswegen flankiert. Die heutige A 555 von Köln über Bornheim nach Bonn gilt neben der AVUS in Berlin als erste autobahnartige Straße Deutschlands. Zwischen 1936 und 1940 entstand dann auf der rechten Rheinseite eine der ersten Fernautobahnen Deutschlands, die A 3, die von den Niederlanden bis nach Süddeutschland führt. Sie passiert von Köln kommend Lohmar und Siegburg und verläuft dann östlich des Siebengebirges weiter in Richtung Frankfurt. In den neunziger Jahren folgte ihr Pendant, die A 61 auf der linken Rheinseite von den Niederlanden bis in den Rhein-Neckar-Raum. Sie durchquert die Kommunen Swisttal, Rheinbach und Meckenheim. Insgesamt steht dem überörtlichen und dem lokalen motorisierten Verkehr ein dichtes Straßennetz mit 83 Kilometer Autobahn, 164 Kilometer Bundesstraße, 517 Kilometer Landesstraße und 265 Kilometer Kreisstraße zur Verfügung. Beid-

Fortsetzung Seite 101

Wir über uns: ALCAR DEUTSCHLAND GmbH

Die ALCAR DEUTSCHLAND wurde 1995 gegründet und ist Teil der internationalen ALCAR-GRUPPE, die das führende Unternehmen bei der Vermarktung von Pkw-Stahl- und Leichtmetallrädern auf dem europäischen Nachrüstmarkt ist.

Unabhängige Kompetenzzentren und das dichte, europäische Vertriebsnetz mit einer hohen Verfügbarkeit des Vollsortiments bilden die Basis für internationale erfolgreiche Präsenz. Die besonderen Stärken der ALCAR sind schnelle Reaktionen auf veränderte Marktsituationen, die Entwicklung kundennaher Ideen sowie innovative Designkreationen. Damit sichert sich das Unternehmen die Themen-, Sortiments- und Serviceführerschaft und setzt immer wieder Maßstäbe in seiner Branche.

ALCAR: Die Unternehmensgruppe, in der sich alles um Räder dreht.

Auf einen Blick

Gründungsjahr: 1995

Mitarbeiter: 140 (Konzern 750)

Leistungsspektrum: ALCAR entwickelt, produziert und vertreibt Stahl- und Leichtmetallräder für den Pkw-Nachrüstmarkt

Marken:
- AEZ Leichtmetallräder
- DEZENT
- DOTZ
- ENZO
- KFZ Stahlrad

Standorte: Die Unternehmensgruppe hat derzeit 29 Produktionsstätten, Kompetenzzentren und Vertriebsgesellschaften in Europa

ALCAR DEUTSCHLAND GmbH
Niederlassung Siegburg

Wir über uns:
Rhein-Sieg-Verkehrsgesellschaft mbH

Vom historischen Betrieb zum modernen Dienstleister: So lässt sich die Geschichte des Öffentlichen Personennahverkehrs im Rhein-Sieg-Kreis treffend beschreiben. Schon 1910 wurde der Bau einer normalspurigen Kleinbahn (Siegburg–Zündorf) beschlossen und damit der Grundstein für den späteren ÖPNV gelegt. Am 1. Dezember 1972 nahm dann letztendlich die Rhein-Sieg-Verkehrsgesellschaft mbH ihren Betrieb mit 76 Omnibussen auf.

Seitdem wurden Linienerweiterungen, Taktverdichtungen und neue Linien eingerichtet, so dass heute für die Durchführung des Linienverkehrs auf 64 Buslinien mit 12,5 Mio. Nutzkilometern 230 eigene und ca. 70 angemietete Omnibusse benötigt werden. Das Verkehrsgebiet umfasst den rechtsrheinischen Teil des Rhein-Sieg-Kreises und reicht bis in die angrenzenden Städte und Kreise. Das Fahrgastaufkommen liegt bei 27 Millionen Passagieren im Jahr. Darüber hinaus bietet die RSVG mit fünf modernen Bussen einen umfangreichen Reise- und

Gelegenheitsverkehr für Vereins-, Gruppen- und Vergnügungsfahrten an.

Die geschichtliche Verknüpfung der RSVG mit der Eisenbahn drückt sich heute noch durch den Betrieb der Rhein-Sieg-Kreis-Eisenbahn aus. Im Güterverkehr befördern jährlich zwei Dieselloks auf einer 15 Kilometer langen Strecke zwischen Troisdorf und Niederkassel bis zu 300 000 Tonnen.

Wegen der besonderen Funktion und Bedeutung, besonders auch im Hinblick auf den ICE-Haltepunkt, beauftragte der Rhein-Sieg-Kreis die RSVG mit der Planung und dem Bau eines neuen zentralen Omnibusbahnhofs, einschließlich kundenorientiertem Dienstleitungszentrum, in Siegburg (siehe Fotos).

450 Mitarbeiter sind bei der RSVG und ihren Tochtergesellschaften tätig. Hinzu kommen noch die Mitarbeiter, die bei den Anmietunternehmen beschäftigt sind. Sie alle arbeiten im Fahrdienst, Aufsichts- und Kontrolldienst, in der Werkstatt oder in der Verwaltung und sind bemüht, ihren Kunden zu dienen – eben ein moderner Dienstleister zu sein.

Auf einen Blick

Gründungsjahr: 1972

Eigene Mitarbeiter: 450

Fahrzeugeinsatz:
- 183 Standardlinienbusse
- 35 Gelenkbusse
- 6 Midi-Linienbusse
- 6 Reise-/Kombibusse
- 70 Anmieterbusse
- ca. 130 angemietete Taxen und Kleinbusse im Schülerspezialverkehr

Größen des Bedienungsfeldes:
Fläche: ca. 900 km^2
Einwohner: ca. 550 000
Anzahl Linien: 64
Nutzkilometer: 12,5 Mio. jährlich
Beförderte Pers.: 27 Mio. jährlich

Leistungsspektrum:
Linienverkehr
Freigestellter Schülerverkehr
Schülerspezialverkehr
Reise- u. Gelegenheitsverkehr
- Urlaubsreisen
- Vereinsfahrten
- Gruppenfahrten
- Vergnügungsfahrten
- Betriebsausflüge

Güterverkehr

Rhein-Sieg-Verkehrsgesellschaft mbH Troisdorf

Wir über uns: Verkehrsverbund Rhein-Sieg GmbH

Mit Erfolg gestaltet und koordiniert der Verkehrsverbund Rhein-Sieg seit über 16 Jahren den öffentlichen Personennahverkehr (ÖPNV) in der Region. Beleg dafür sind u. a. die kontinuierlich steigenden Fahrgastzahlen: Im Jahr 2004 wurde mit 452,6 Millionen Fahrten weit über 40 Prozent mehr mit Bus und Bahn gefahren als im ersten Verbundjahr 1988. Grundlage dieses Markterfolgs ist eine an den unterschiedlichen Nachfragebedürfnissen ausgerichtete Angebots- und Tarifpolitik, unterstützt und begleitet von einer zielgerichteten Werbestrategie. Jüngstes Beispiel ist das neue, an Gemeinde- und Stadtgrenzen orientierte Preissystem, das von den Kunden gut angenommen wird.

Neben der Neugestaltung des Tarifsystems hat der Verkehrsverbund Rhein-Sieg den Ausbau des Schienennetzes vorangetrieben. Die Anbindung des Flughafens Köln/Bonn an das S-Bahnnetz und weitere umfassende Streckenverbesserungen sind Beweise dafür. Fahrgäste der stark genutzten Siegstrecke profitieren seit dem Fahrplanwechsel vom Sommer 2003 von einer echten S-Bahn-Vertaktung, modernen Fahrzeugen und barrierefreien Zustiegen. Dies alles zeigt: Der Verkehrsverbund Rhein-Sieg ist die

funktionierende regionale Einrichtung, die seit Jahren mit Erfolg dafür sorgt, dass der ÖPNV im Großraum Köln/Bonn eine echte Alternative zum PKW darstellt.

Die Zusammenarbeit im Verkehrsverbund Rhein-Sieg wird von Seiten der ÖPNV-Aufgabenträger und der Verkehrsunternehmen – gerade in Zeiten des anstehenden Wettbewerbs und leerer Kassen der Kommunen – intensiviert, um Synergieeffekte auszuschöpfen und den Fahrgästen auch in Zukunft einen leistungsstarken Nahverkehr bieten zu können.

Auf einen Blick

Gründungsjahr:
1987; zweitgrößter Verbund in Nordrhein-Westfalen

Verkehrsgebiet:
5111 Quadratkilometer

Verbundgebiet:
- 5 Kreise und 3 kreisfreie Städte (+ Stadt Monheim)
- 29 Partnerunternehmen
- ca. 3,3 Mio. Einwohner
- 6700 Haltestellen

Fahrten:
452,6 Mio. (in 2004)

Umsatz:
352,1 Mio. Euro (in 2004)

Fahrgäste:
über 1,4 Millionen täglich (über 500 Millionen im Jahr)

Anzahl Linien:
469 davon
- 17 DB-Regional-Linien
- 4 DB S-Bahn-Linien
- 22 Stadt- und Straßenbahnlinien
- 385 Buslinien

sowie weitere AST-Linien

■

Verkehrsverbund Rhein-Sieg GmbH, Köln

BwFuhrparkService – zur richtigen Zeit am richtigen Ort

Wir über uns: BwFuhrparkService GmbH

Die 2002 gegründete BwFuhrparkService GmbH ist der Mobilitätsdienstleister für die Bundeswehr. Sie wurde ins Leben gerufen, um ein wirtschaftliches und kundenorientiertes Mobilitätskonzept für die rund 100 000 Fahrzeuge im Bestand der Bundeswehr effizient umzusetzen. Dazu soll die bislang starr vorgegebene Fuhrparkstruktur – nach Anzahl und Art der Fahrzeuge – in eine kostenoptimale Bedarfsdeckung umgewandelt werden. Entscheidende Auflage dabei ist, dass die Einsatzbereitschaft der Streitkräfte in jedem Fall gewährleistet bleibt.

Grundlage für die Erstellung eines optimalen Mobilitätskonzeptes ist die Bedarfsermittlung in den einzelnen Dienststellen, die durch einen so genannten Mobilitätsberater vorgenommen wird. Anschließend wird der Bedarf an Fahrzeugen in Langzeitmiete ermittelt und ein entsprechender Bestellvorgang ausgelöst. Kurzfristigen Spitzenbedarf decken die Mobilitätscenter mit ihren Poolfahrzeugen ab. Derzeit gibt es rund 30 Mobilitätscenter bundesweit und etwa 120 Servicestationen. Die BwFuhrparkService GmbH betreut für die Bundeswehr auch Sonder- und Spezialfahrzeuge. Zukünftig bietet sie ihre Leistungen auch anderen öffentlichen Bereichen wie zum Beispiel Kommunen und Behörden an.

Vor Ort analysieren, beraten und umsetzen

Auf einen Blick

Gründungsjahr: 2002

Mitarbeiter:
rund 300 angestellte Mitarbeiter sowie 2000 beigestellte Bundeswehrmitarbeiter

Gesellschafter:
gebb Gesellschaft für Entwicklung, Beschaffung und Betrieb – ein Unternehmen des Bundesministeriums für Verteidigung (75,1 %), Deutsche Bahn AG (24,9%)

Leistungsspektrum:
- Mobilitäts- und Flottenmanagement
- Mobilitätsberatung
- Mobilitätscenter
- Schadenmanagement
- Reparatursteuerung
- Tankkartenservice
- Gebrauchtwagenvermarktung

BwFuhrparkService GmbH, Troisdorf

Der Rhein ist seit Jahrhunderten einer der wichtigsten Verkehrswege.

seitig des Rheins verlaufen auch zwei der wichtigsten Eisenbahnstrecken Deutschlands: die Linke Rheinstrecke – vor allem für den Personenverkehr bedeutsam – und die Rechte Rheinstrecke, über die fast der gesamte Güterzugverkehr aus den Niederlanden und dem Ruhrgebiet nach Süden abgewickelt wird. Seit 2002 läuft der schnelle Schienenfernverkehr über die ICE-Neubaustrecke weitgehend parallel zur A 3 von Köln nach Frankfurt. Diese brachte der Kreisstadt Siegburg einen ICE-Bahnhof und den Anschluss an das europäische Hochgeschwindigkeitsnetz der Bahn. Der Bahnhof wird stark nachgefragt und besitzt eine hohe Verkehrsbedeutung für den gesamten Rhein-Sieg-Kreis und die Bundesstadt Bonn.

Die Siegstrecke, eine weitere Haupteisenbahnlinie mit S-Bahn und RE-Bedienung, durchzieht das rechtsrheinische Kreisgebiet in Ost-West-Richtung. Mehrere Stadtbahnlinien auf beiden Rheinseiten sowie die Regionalbahn von Bonn nach Euskirchen stellen dichtgetaktete Nahverkehrsverbindungen zwischen der Stadt Bonn und den anliegenden Kommunen im Kreisgebiet dar. Für die Feinerschließung im öffentlichen Personennahverkehr sorgen rund 90 Buslinien und ein flächendeckendes Anruf-Sammeltaxi-System, durch das nach Fahrplan auf Bestellung auch kleinste Dörfer angefahren werden. Zuletzt findet sich in Königswinter eine verkehrstechnische Besonderheit, die seit über 120 Jahren ihrer Bestimmung voll gerecht wird: die Zahnradbahn auf den Drachenfels, 1883 eröffnet und damit Deutschlands älteste derartige Bahn. Sie bringt Touristen auf den bekanntesten Gipfel des Siebengebirges.

Für die sehr gute überregionale Anbindung sorgt auch die Nähe zu zwei bedeutenden Flughäfen. In unmittelbarer Nähe befindet sich der Flughafen Köln/Bonn – Konrad-Adenauer, seit Jahren bedeutendes Frachtflugzentrum und nach dem Wachstum im Segment der Low-Cost-Airlines heute viertgrößter Flughafen Deutschlands. Hinzu kommt der größte deutsche Flughafen in Frankfurt, der durch den ICE von der Kreisstadt Siegburg aus in nur 39 Minuten erreicht wird. Darüber hinaus steht mit dem regionalen Verkehrslandeplatz in Sankt Augustin-Hangelar ein weiterer Flugplatz für Flugzeuge bis 5,7 Tonnen und den Luftsport zur Verfügung. ■

Über 60 RVK-Busse sind täglich im linksrheinischen Rhein-Sieg-Kreis im Einsatz, um Fahrgäste sicher an ihr Ziel zu bringen.

50 Millionen Kunden vertrauen jährlich unternehmensweit auf den Service und die Leistung der RVK.

RVK – „Wir bewegen die Region"

Die Regionalverkehr Köln GmbH (RVK) ist das größte regionale Verkehrsunternehmen im Verkehrsverbund Rhein-Sieg (VRS), das Fahrleistungen im Öffentlichen Personennahverkehr (ÖPNV) – u. a. im linksrheinischen Rhein-Sieg-Kreis – erbringt.

Zentral am Meckenheimer Bahnhof gelegen, befindet sich die RVK-Niederlassung Meckenheim in der „Stadt der Edelobstplantagen und Baumschulen". Hier kümmern sich mehr als 100 Mitarbeiterinnen und Mitarbeiter um den reibungslosen Ablauf des Verkehrs im linksrheinischen Rhein-Sieg-Kreis. Das Fahrpersonal erhält alle aktuell erforderlichen Instruktionen für den Fahrdienst, um die Kunden mit über 60 Bussen Tag für Tag sicher zu befördern. Im Werkstattbereich werden die Fahrzeuge regelmäßig gewartet und gereinigt.

Nicht weit entfernt von der Niederlassung, an der Meckenheimer Kirche, haben die Mitarbeiterinnen und Mitarbeiter im KundenCenter „SUmobil" stets ein offenes Ohr für ihre Kunden. Das Servicepersonal ist Ansprechpartner bei Fragen zu Verkehrs- und Preissystemen, hilft Fahrgästen, sich im Öffentlichen Personennahverkehr zu orientieren und gibt Fahrpläne und Informationen aus.

Sollte etwas verloren gehen, so findet die Fundsache im SUmobil wieder ihren Besitzer. Neben dem Verkauf von Handykarten und Fanartikeln des 1. FC Köln können Kunden am InternetPoint im KundenCenter kostengünstig im Internet surfen. Optimaler Service heißt für die RVK vor allem, offen zu sein für Anregungen,

Im KundenCenter SUmobil in Meckenheim helfen die Servicemitarbeiter pro Jahr rund 25 000 Kunden mit Beratung, Fahrplanauskünften und Ticketverkauf weiter.

Wünsche und Kritik. Der RVK ist es wichtig, die Bedürfnisse der Kunden ernst zu nehmen.

Rund um die Uhr gibt es Fahrplanauskünfte online unter www.rvk.de. Mit dem neuen Internetdienst „Ticket 2 print" kann der Kunde sein ÖPNV-Ticket bequem und schnell online kaufen und direkt auf dem eigenen Drucker ausdrucken. Das gesamte Sortiment an VRS-Tickets ist ebenfalls beim Fahrpersonal erhältlich.

Das Verkehrsgebiet der RVK im Rhein-Sieg-Kreis erstreckt sich im Norden von Bornheim-Sechtem über Fritzdorf im Süden zu Swisttal im Osten und westlich bis zum Rhein. Die RVK stellt mit ihren Linien eine wichtige Anbindung an die Stadt Bonn sicher. Eine umstiegsfreie Verbindung für Nachtschwärmer und eine sichere Alternative zum Auto – vor allem für Jugendliche – stellt der RVK-Nachtbus am Wochenende zwischen Meckenheim und Bonn dar. Wer bereits vor zwei Uhr nach Hause möchte, nutzt die Buslinien 800 und 843.

Die RVK bietet jedoch mehr als ein bedarfsorientiertes Busliniennetz. Für mehr Service, Sicherheit und den persönlichen Kundenkontakt ist ein sechsköpfiges Serviceteam im Einsatz. Speziell um Kinder und Jugendliche kümmern sich die RVK-SchulScouts, die ebenfalls in der Niederlassung Meckenheim beheimatet sind. Ihre Aufgabe ist es, für Fahrgäste im Bus ein sicheres und angenehmes Ambiente zu schaffen. In speziellen Schulprojekten der SchulScouts lernen Schüler, verantwortungsvoll miteinander umzugehen und Konflikte und Aggressionen zu entschärfen. Ebenso werden Methoden vermittelt, um Stresssituationen entgegenzuwirken. Diese Programme zu den Themen Gewalt, Vandalismus, Verkehrssicherheit oder Haltestellen-Patenschaften werden in enger Zusammenarbeit mit Lehrern und Schülern entwickelt. Der gemeinsame Spaß an der Sache motiviert zum Mitmachen. Vorteil für die RVK: sinkende Vandalismusschäden.

Neben dem reinen Linienverkehr bietet das Unternehmen ein- und mehrtägige Schul- und Tagesfahrten mit der RVK in Deutschland und Europa an.

Auf einen Blick

Gründungsjahr: 1976

Mitarbeiter: 746 gesamt; 107 in Meckenheim

Fuhrpark:
333 RVK-Busse
302 Fahrzeuge von Auftragsunternehmen

Leistungsumfang:
Buslinien:
97 (Eigenregie)
Gesamt-Linienlänge:
über 2000 km
Fahrleistung:
27,37 Mio. km/Jahr
Fahrgäste:
rund 50 Mio. pro Jahr

Niederlassungen:
Bergheim, Bergisch Gladbach, Euskirchen, Gummersbach, Meckenheim

Zweigniederlassungen:
Frechen, Hürth, Waldbröl, Wermelskirchen

KundenCenter:
Schleiden, Bergisch Gladbach, Wermelskirchen, Meckenheim, Köln

■

Regionalverkehr Köln GmbH (RVK)

Wir über uns: Schlüsselrolle im europäischen UPS Express Netzwerk

Das UPS Logistikzentrum am Köln Bonn Airport ist seit 1986 die wichtigste Drehscheibe für den weltweiten UPS Lufttransport neben den Flughäfen in Louisville/Kentucky (USA) sowie Taipeh (Taiwan). Die zentrale Lage in Europa und die gute Infrastruktur ermöglichen schnelle Transportwege auf kurzen Wegen zum Kunden. Darüber hinaus sind das Start- und Landebahnsystem, die 24-Stunden-Betriebsmöglichkeit und der vorhandene Arbeitsmarkt weitere wichtige Standortvorteile.

Kurzfristige Warenlieferungen in die USA sowie in die wichtigen europäischen Wirtschaftszentren sind für UPS eine besondere Herausforderung und werden zuverlässig und professionell abgewickelt. Ebenso werden die Märkte Asiens über einen Direktflug nach Hongkong bedient.

Eine bedeutende Erweiterung der Sortierkapazitäten ermöglichte die Inbetriebnahme einer neuen Frachthalle im Herbst 2005. Mit dieser Investition von über 135 Mio. Dollar sichert UPS den schnellen Zugang zu den Weltmärkten für die Unternehmen in der Region Köln/Bonn. Schon heute ist UPS mit über 1700 Beschäftigten einer der größten Arbeitgeber am Köln Bonn Airport.

Auf einen Blick

Gründungsjahr: 1907

Mitarbeiter:
mehr als 1700

Sendungen pro Nacht:
über 165 000 im Durchschnitt

Flugzeugflotte: 32

Lkw-/Kleintransporter-Anbindungen:
über 150 pro Tag

United Parcel Service Deutschland Inc. & Co. OHG, Köln

Wir über uns: Flughafen Köln/Bonn GmbH

Der Köln Bonn Airport steht für eine einzigartige Erfolgsgeschichte. In kürzester Zeit entwickelte er sich zu einem der am schnellsten wachsenden Flughäfen Deutschlands. In 2005 werden über neun Millionen Passagiere erwartet. Heute ist Köln/Bonn das Synonym für Low-Cost und damit für günstiges Fliegen. Auf diesem Gebiet ist der Airport Marktführer in Deutschland und in ganz Kontinental-Europa. Über 50 Airlines – nicht nur Low-Cost – fliegen ab Köln/Bonn zu rund 120 Zielen in 30 Ländern.

Zweites Standbein ist der Frachtverkehr. Mit weit über 600 000 Tonnen jährlich umgeschlagener Fracht belegt der Köln Bonn Airport nach Frankfurt Rang zwei unter den deutschen Frachtflughäfen. In Europa liegt Köln/Bonn auf Rang sechs, bei der Integratorfracht, das heißt im Expressfrachtverkehr, inzwischen sogar auf dem ersten Platz.

Im Wettbewerb mit anderen Flughäfen hält der Köln Bonn Airport viele Trümpfe in der Hand. Sein Einzugsgebiet zählt zu den bevölkerungsreichsten und wirtschaftlich stärksten, seine Infrastruktur zu den modernsten Europas. Seit Sommer 2004 ist der Flughafen an das Schienennetz der Deutschen Bahn angeschlossen.

Doch der Köln Bonn Airport ist weit mehr als nur Verkehrsstation für Passagier- und Frachtverkehr. Für eine ganze Region ist er verlässlicher Partner und gleichzeitig einer ihrer bedeutendsten Wirtschafts- und Standortfaktoren. Die Arbeitsstätte Airport mit rund 12 000 Beschäftigten verleiht dem hiesigen Arbeitsmarkt Schwung.

Mit ihren tollen Gastronomie- und Shopping-Angeboten bieten die Terminals zudem eine Erlebniswelt, die nicht nur Passagiere, sondern auch Besucher ohne Flugticket magnetisch anzieht.

Auf einen Blick

Gründungsjahr: 1950

Mitarbeiter:
12 000, davon 1950 direkt im Unternehmen

Gesellschafter:
- Stadt Köln (31,12 %)
- Bundesrepublik Deutschland (30,94 %)
- Land Nordrhein-Westfalen (30,94 %)
- Stadtwerke Bonn GmbH (6,06 %)
- Rhein-Sieg-Kreis (0,59 %)
- Rheinisch-Bergischer-Kreis (0,35 %)

■

Flughafen Köln/Bonn GmbH

Handwerk – mit Tradition in die Zukunft

Alois Blum

Viele Handwerksberufe können auf eine lange Tradition zurückblicken, andere sind in den letzten Jahrzehnten neu entstanden. Alte Handwerksberufe wie Schmied, Töpfer oder Schuhmacher haben ihre lange Tradition auch im Gebiet des Rhein-Sieg-Kreises. Traditionelle Gewerke wie Zimmerer, Bäcker oder Fleischer haben sich dem Wandel der Zeit gestellt. Im Zuge des technischen Fortschritts und der geänderten Verbrauchergewohnheiten sind einige alte Berufe vom Aussterben bedroht, andere wiederum haben sich hervorragend anpassen können. Es ist durchweg festzustellen, dass die Betriebsgrößen im produktionsorientierten Handwerk kontinuierlich wachsen, da die Investitionskosten in den Produktionsstätten größere Einheiten erfordern. Die Anzahl der Beschäftigten je Betrieb liegt heute bei durchschnittlich acht Mitarbeitern.

Das Handwerk ist seit jeher eine tragende Säule der heimischen Wirtschaft.

Dank unseres dynamischen Handwerksbegriffs füllt sich der alte Name regelmäßig mit neuen Inhalten. Oftmals entstehen sogar neue Berufsbezeichnungen. So hat sich zum Beispiel aus dem Kraftfahrzeugmechaniker und -elektriker der Kfz-Mechatroniker entwickelt.

Bildung und Weiterbildung sind Schlüsselbegriffe für erfolgreiche Handwerksbetriebe. Die Schnelllebigkeit, die rasanten technischen Entwicklungen, gesetzgeberische Initiativen und die Begleitumstände des Betriebes lassen im Handwerk keinen Stillstand zu.

Was wäre das Handwerk ohne die traditionelle Berufsausbildung? Die Zukunftsfähigkeit der Berufsausbildung ist zu einem wichtigen Entscheidungskriterium für die Berufsfindung junger Menschen geworden. Das Handwerk mit seinen vielseitigen Ausbildungsmöglichkeiten bietet in dieser Situation jedem Schulabgänger eine solide und zukunftsträchtige Alternative. Der Stellenwert einer modernen Ausbildung im Handwerk wird durch die anhaltend hohen Ausbildungszahlen unterstrichen. Nach Feststellung der Kreishandwerkerschaft Bonn-Rhein-Sieg streben wieder mehr Jugendliche als in den Vorjahren in die zukunftsorientierten Ausbildungsberufe des Handwerks. Vielfältige und moderne Berufe eröffnen gerade in der heutigen Zeit sehr gute Entwicklungsmöglichkeiten und wecken das Interesse vieler Jugendlicher. Der Umgang mit CNC-gesteuerten Maschinen, modernen Diagnosegeräten, Elektronik, Digitaltechnik, speicherprogrammierbaren Steuerungen oder EDV-Einsatz auf allen Ebenen gehört in vielen Gewerken neben den traditionellen Inhalten zur Ausbildung. Die Entwicklungsmöglichkeiten im Handwerk sind ausgesprochen positiv zu bewerten. Die Attraktivität handwerklicher Tätigkeit liegt darin begründet, dass die selbstständigen Handwerker bodenständig sind, eine Kontinuität zeigen hinsichtlich der Beschäf-

Eine traditionelle, qualifizierte Berufsausbildung ist im Handwerk unerlässlich.

tigungsverhältnisse, direkte und persönliche Kontakte zu der Betriebsführung, zu Kollegen und Kunden bestehen und das Betriebsgeschehen überschaubar ist.

Handwerk und Dienstleistung sind zwei Begriffe, die zusammengehören. Die hohe Kaufkraft der Verbraucher in der Wirtschaftsregion Bonn/Rhein-Sieg sowie ein weiteres Wachstum der Bevölkerung sind zwar günstige Voraussetzungen in der Region, müssen aber konsequent erschlossen werden. Jedes Handwerksunternehmen muss sich der Herausforderung stellen, „seinen Markt" zu schaffen und sich darin erfolgreich zu positionieren. Nicht nur die handwerkliche Produktqualität ist gefragt, kaufentscheidend wirkt sich das Angebot an Service und Dienstleistungen aus. Es gilt mehr denn je, die Dienstleistung entsprechend zu vermarkten und dem Kunden nahe zu bringen.

Positiv für das Handwerk ist die Wirtschaftsstärke des Rhein-Sieg-Kreises. Vorteile der Region sind die breit gefächerte Betriebsstruktur mit deutlichen Schwerpunkten in den Wachstumsbranchen, die zentrale Lage zu den europäischen Nachbarländern und die hohe Kaufkraft. Die kontinuierliche Zuwachsrate der Bevölkerung kommt darüber hinaus vielen Handwerks-

Auf einen Blick

Gründungsjahr: 1956
Mitglied der Dachdeckerinnung Bonn/Rhein-Sieg
Mitarbeiter: 25
Leistungsspektrum:
- Dachdeckungsarbeiten aller Art
- Wand- und Fassadenarbeiten
- Klempnerarbeiten
- Gebäudeabdichtungen
- Balkone und Terrassen
- Dachausbau
- Zimmererarbeiten
- Energieberatung
- Solaranlagen
- Reparaturdienst

■

Weingarten Bedachungen GmbH Lohmar

Wir über uns: Weingarten Bedachungen GmbH

Das Familienunternehmen Weingarten Bedachungen GmbH geht im Jahr 2006 in sein 50-jähriges Jubiläum. Der Firmengründer DDM Karl Weingarten wusste bereits 1956, dass sein Unternehmen sich neben den traditionellen, handwerklichen Ausführungen für Dach, Wand- und Abdichtungstechniken sowie für alle Klempnerarbeiten in zukunftsweisende Technologien weiterentwickeln muss.

Ein hoher Anspruch an die Qualität der ausgeführten Arbeiten entspricht grundsätzlich der Firmenphilosophie. Seit 1990 findet jeder Kunde mit Dipl.-Ing. und Energieberater Dirk Weingarten sowie sein in allen Bereichen bestens geschultes und fortgebildetes Team den richtigen Ansprechpartner. Das Angebotsspektrum reicht von hochwertigen Naturschieferarbeiten bis über die zukunftsweisende Solarenergie hinaus. Die Umsetzung der EU-Gebäuderichtlinie und die damit verbundene Ausstellung des Pflicht-Energieausweises für Gebäude im Altbestand (ab 2006) ist ebenso Thema wie alle anderen Dach-Modernisierungstipps. Nähere Informationen unter www.weingarten-bedachungen.de.

zweigen zugute. Das Handwerk in der Region hat sich insbesondere seit 1990 flexibel auf den Strukturwandel eingestellt und dazu beigetragen, die Wirtschaftsregion Bonn/Rhein-Sieg zu einem attraktiven Standort für weitere Ansiedlungen auszubauen. Die ca. 7500 eingetragenen Handwerksbetriebe der Region beschäftigen etwa 70 000 Mitarbeiter, darunter rund 5000 Lehrlinge und stellen damit einen bedeutenden Wirtschaftsfaktor dar.

Die Kreishandwerkerschaft Bonn-Rhein-Sieg betreut die ihr angeschlossenen 23 Innungen und ihre Mitglieder auf vielfältige Weise. Juristische, betriebswirtschaftliche und steuerliche Beratung gehören ebenso zum Leistungsspektrum wie die überbetriebliche Ausbildung der Lehrlinge in den Bildungszentren der Kreishandwerkerschaft und die Interessenvertretung des selbstständigen Handwerks. Die traditionelle Organisationsform des Handwerks vor Ort hat sich bestens bewährt und bleibt auch in Zukunft bestehen, im Interesse der Kunden und Mitarbeiter. Das Erfolgsrezept für das Handwerk basiert weiterhin auf der Verbindung traditioneller Werte und innovativer, zukunftsorientierter Techniken sowie modernen Instrumenten der Betriebsführung. ■

Von Bauern und Bürgern im Rhein-Sieg-Kreis

Christoph Könen

Selten ist der Kontrast zwischen Stadt- und Landleben so deutlich, aber auch der Kontakt zwischen Land- und Stadtbevölkerung so eng wie im Rhein-Sieg-Kreis. Die enorme Vielfalt von Wirtschafts- und Dienstleistungsgewerbe des Ballungsraumes Köln-Bonn liegt quasi vor der Haustür. Trotzdem hat der Rhein-Sieg-Kreis sein ländliches Gesicht längst nicht verloren. Immerhin nimmt die Landwirtschaft ca. 43 Prozent der Kreisfläche ein.

Vom Apfel bis zur Pfingstrose

Auf den Feldern und Wiesen rechts und links vom Rhein produzieren Landwirte und ihre Familien eine bunte Palette von landwirtschaftlichen Erzeugnissen. Die Nähe der Großstädte ermöglicht den Landwirten, ihre Produkte auf Märkten, Obst- und Gemüseständen oder im hofeigenen Laden selbst zu vermarkten. Verbraucherinnen und Verbraucher, die frische, regional erzeugte Produkte bevorzugen, haben daher viele Auswahlmöglichkeiten, heimisches Obst und Gemüse, Fleischwaren, Fisch und Geflügel aber auch Gartenpflanzen wie Rosen oder Orchideen direkt beim Erzeuger vor Ort einzukaufen.

Mildes Klima und fruchtbare Böden

Das Vorgebirge, das Gebiet Meckenheim, Rheinbach sowie das Siebengebirge sind traditionell wichtige Anbaugebiete für die verschiedenen Sparten des Gartenbaus. Die klimatisch günstigen Bedingungen mit den milden Temperaturen und fruchtbaren Böden sowie die Nähe zum Endverbraucher haben den Freilandanbau begünstigt. Die Gemüse- und Obstbaubetriebe wirtschaften nach den Prinzipien des Integrierten Anbaus. Ziel dieser Wirtschaftsweise ist es, die Umwelt möglichst zu schonen, die Bodenfruchtbarkeit zu fördern und natürlich schmackhaftes Obst und Gemüse zu erzeugen.

Weinbau mit langer Tradition

Die Weinberge am Rande des Siebengebirges stellen sicher, dass zu einem festlichen Essen auch ein guter Tropfen serviert werden kann. Der Weinbau hat hier Tradition. So findet der Ort Königswinter schon im 11. Jahrhundert mit dem bedeutsamen Ortsnamen „Winetre“ Erwähnung. An den wunderschönen Rebhängen in Steillage wächst ein vorzüglicher Wein. Überwiegend wird ein trockener bis halbtrockener Weißwein produziert, der dem Kunden direkt vor Ort zugute kommt.

Zunehmend produzieren die Landwirte des Rhein-Sieg-Kreises auf Teilen ihrer Fläche auch nachwachsende Rohstoffe für die Industrie. Die blühenden Rapsfelder sind dafür der duftende Beweis. Über die Hälfte der Rapsflächen werden mittlerweile für den Chemie- und Energiesektor gebraucht. Aber auch die Dächer der Stallgebäude und Hallen werden erfolgreich für die Gewinnung von Solarenergie genutzt.

Kulturgut: Landschaft

Neben der Erzeugung von Lebensmitteln, Energie und Rohstoffen erhalten die Landwirte, Wein-, Obst- und Gemüsebauern aber noch ein wichtiges Kulturgut: unsere abwechslungsreiche Landschaft. Beson-

Auf einen Blick

Gründungsjahr:
Obstbau 1928,
Brennerei 2001

Angebotsspektrum:
- Edelobstbrände sortenrein
- Liköre
- Fruchtsäfte
- Direktverkauf
- Obstanbau
- Obstveredelung
- Gelee und Konfitüren
- Präsente

Besondere Angebote:
- Betriebsbesichtigung
- Verkostung
- Brennereifest (letztes Wochenende im September)
- Online-Shop: Kreation der Frucht

■

Edelobst Brennerei Brauweiler Meckenheim-Altendorf

Wir über uns: Edelobst Brennerei Brauweiler

„Vom Anbau bis zur Flasche – alles aus einer Hand", so lautet die Philosophie der Edelobst Brennerei von Irmgard und Karl-Josef Brauweiler. Das bereits in vierter Generation geführte Familienunternehmen wagte 2001 den großen Schritt vom reinen Obstanbaubetrieb zur Vermarktung von eigenen Obstbränden.

Die Brennerei Brauweiler verarbeitet das eigene Obst, von Birnen und Äpfeln bis zu schwarzen Johannisbeeren, zu reinen Säften und edlen Obstbränden. In der hauseigenen Brennerei erfährt das Obst die höchste Stufe der Vollkommenheit und wird zum Edelbrand. Spezialisiert haben sie sich auf eine Vielzahl sortenreiner Apfelbrände, bei denen ein Jeder seinen ganz individuellen Geschmack wiedergibt. Ein unverwechselbares Aroma und die goldene Farbe bekommt der Apfelweinbrand (Pommes d`Or) durch die Lagerung in Eichenfässern. Es ist die „geistvollste Art" Früchte mit ihren verschiedensten Aromen zu genießen.

Im Fruchsaftbetrieb Brauweiler werden 100 Prozent reine Fruchtsäfte, gemischte aber auch sortenreine ohne jegliche Zusätze gepresst und abgefüllt. Wahlweise in Literflaschen oder im Bag-in Box System mit fünf Litern.

Für ihr Engagement wurde die Brennerei Brauweiler jüngst von der Verbraucherzentrale NRW mit der „Nachhaltigkeits-Eins" ausgezeichnet. Damit spricht die Verbraucherzentrale ausgewählten Anbietern ihre höchste Anerkennung für die Verarbeitung und Vermarktung von regionalen Lebensmitteln aus.

43 Prozent der Kreisfläche werden von der Landwirtschaft bestimmt.

ders an den Wochenenden und während der Ferienzeit zieht es die Stadtbewohner mit ihren Familien hinaus aufs Land. Die landwirtschaftlichen Betriebe haben längst erkannt, welchen Beitrag sie für die Freizeitgestaltung von Naherholung Suchenden leisten. Mit urgemütlichen Bauernhofcafés, Freizeitangeboten hoch zu Ross, Heuhotels und Ferienwohnungen präsentieren die Landwirte darum ein vielfältiges Angebot.

Agrarland im Wandel

Die Landwirtschaft hat im Rhein-Sieg-Kreis schon immer eine wichtige Rolle gespielt und vielen Menschen Arbeit gegeben. In Nordrhein-Westfalen arbeiten immerhin 180 000 Menschen in der Landwirtschaft. Nicht zu vergessen, dass auf jeden dieser Arbeitsplätze noch vier weitere in anderen Bereichen des Agrarbusiness hinzukommen. Allerdings schreitet der Strukturwandel unaufhaltsam voran. Besonders in den Regionen des Bergischen Landes, wo die Erträge aufgrund der natürlichen Voraussetzungen weniger gut sind, geben immer mehr Landwirte ihre kleinen Höfe auf, weil sich die Mühe nicht mehr lohnt.

Ökologisch wirtschaften – eine echte Alternative

Die frei werdenden Flächen werden bisher von benachbarten Landwirten aufgenommen, die damit die Produktion ausweiten und hoffen, für den Markt kostengünstiger zu erzeugen. Besonders im Bergischen Land sind viele Landwirte einen eigenen Weg gegangen. Sie haben die Produktion mit finanzieller Unterstützung der Europäischen Union und des Landes Nordrhein-Westfalen extensiviert bzw. auf ökologischen Landbau umgestellt. Über den Vertragsnaturschutz wurden weitere Betäti-

Heimisches Obst erfreut sich beim Endverbraucher immer größerer Beliebtheit.

Das Idyll trügt bisweilen. Viele Bauernhöfe fürchten um ihre Existenzgrundlage.

gungsfelder erschlossen. Damit kann die Landwirtschaft ihre Aufgaben in den benachteiligten Gebieten auch weiterhin erfüllen: Erzeugung von qualitativ hochwertigen Lebensmitteln und Erhalt der blühenden Kulturlandschaft.

Trotzdem fällt es den Landwirten immer schwerer, sich gegenüber der europäischen und internationalen Konkurrenz im Wettbewerb zu behaupten. Ohne Zweifel zeichnen hohe Umwelt-, Hygiene-, Tierschutz- und Sozialstandards die heimische Landwirtschaft im Besonderen aus. Diese Standards kosten aber auch Geld. Auf den globalen Märkten jedoch herrscht das Diktat des Preises und nicht der Nachhaltigkeit.

Bauern brauchen Bürger

Viele Landwirte und ihre Familien wünschen sich mehr Akzeptanz von den Bürgern für ihre Produktionsweise und ihre Erzeugnisse. Deshalb haben sie sich entschlossen, ihre Arbeit, ihre Wirtschaftsmethoden und ihr Leben auf dem Hof den Verbrauchern möglichst nahe zu bringen. Unter dem Motto „Landwirtschaft zum Anfassen“ laden die Bauernfamilien jeden, der sich dafür interessiert, zu einem Besuch auf den Betrieb ein. Vor Ort können sich die Besucher selbst ein Bild davon machen, wie die Milch in den Tank kommt oder wie wichtig ein Obstbaumschnitt ist. ■

Die Weinanbaugebiete am Rande des Siebengebirges werden für ihre trockenen bis halbtrockenen Weißweine von Kennern geschätzt.

Qualifizierung und Weiterbildung im Rhein-Sieg-Kreis – Berufskollegs und Berufsfachschulen

Alexandra Wellner

Der Rhein-Sieg-Kreis bietet seinen Bürgerinnen und Bürgern ein vielfältiges und breites Angebot der Aus- und Weiterbildung durch berufsvorbereitende Maßnahmen, als schulischer Partner im dualen System und durch die Maßnahmen zur Weiterbildung. Schülerinnen und Schüler können in Vollzeitschulen diverse Schulabschlüsse erlangen. Hierzu werden vier Berufskollegs in Hennef (gewerblich), Troisdorf (gewerblich), Siegburg mit den Außenstellen Bad Honnef, Eitorf und Neunkirchen (kaufmännisch) und Bonn-Duisdorf (kaufmännisch und agrarwirtschaftlich) betrieben. Für die Auszubildenden oder bereits Berufstätigen eröffnen sich durch das vielfältige Angebot an berufsaufbauenden und weiterbildenden Schulformen sowie der Möglichkeit, Zusatzqualifikationen zu erwerben, gute Zukunftsperspektiven. Gerade durch solche Maßnahmen kann den sich ständig wandelnden Bedürfnissen der heutigen Arbeitswelt sowie den regionalen Besonderheiten entsprochen werden.

Die Berufskollegs führen die Bildungsgänge der Berufsschule, der Berufsfachschule, der Fachschule und der Fachoberschule.

An den beiden gewerblichen Schulen besteht ein großes Angebot an Bildungsgängen in den unterschiedlichsten Berufsfeldern. Als Beispiel sind hier für das Berufskolleg Hennef die Fachschule für Technik mit den Fachrichtungen Elektrotechnik, Maschinenbautechnik und Farb- und Lacktechnik sowie die Berufsfachschule für Informations- und Telekommunikationstechnik genannt. In Troisdorf können die Schüler neben der Fachschule für Technik beispielsweise auch Bildungsgänge im Sozial- und Gesundheitswesen absolvieren. Das am Kolleg eingerichtete Zahntechnikum wird nicht nur von den eigenen Schülern genutzt, sondern steht auch der Zahntechniker-Innung für die Erteilung von Unterricht und das Abhalten von Prüfungen zur Verfügung.

Für Schülerinnen und Schüler ohne Schulabschluss bzw. ohne Berufsausbildungsverhältnis wurden an den beiden Berufskollegs entsprechende Bildungsgänge eingerichtet: In der Vorklasse zum Berufsgrundschuljahr werden Kenntnisse und Fertigkeiten aus mehreren Berufsfeldern vermittelt und der Erwerb des Hauptschulabschlusses ermöglicht. Im Berufsgrundschuljahr wird im Rahmen eines Berufsfeldes eine berufliche Grundbildung vermittelt und der Erwerb des Hauptschulabschlusses nach Klasse 10 oder der Fachoberschulreife ermöglicht. Schülerinnen und Schüler ohne Berufsausbildungsverhältnis besuchen Klassen, die berufliche Kenntnisse vermitteln und ebenfalls zum Erwerb des Hauptschulabschlusses führen können. Für Jugendliche, die noch nicht lange in Deutschland leben und wenig oder gar nicht Deutsch sprechen, wurde an der Berufsschule in Troisdorf eine Vorklasse Deutsch eingerichtet. Es sollen ausreichende Deutschkenntnisse vermittelt werden, sodass der Übergang in eine deutsche Regelklasse oder in eine Berufsausbildung gelingt.

An den Berufskollegs in Siegburg und

Berufskolleg in Hennef

Bonn-Duisdorf wird in zahlreichen kaufmännischen Berufen Unterricht erteilt. Darüber hinaus gibt es dort auch jeweils eine Handelsschule, eine Höhere Handelsschule und ein Wirtschaftsgymnasium. Mit der Errichtung dieses Gymnasiums wird den Absolventen der Klasse 10 mit der Qualifikation zum Besuch der gymnasialen Oberstufe die Möglichkeit gegeben, die allgemeine Hochschulreife zu erlangen. Außerdem wird in Bonn-Duisdorf in agrarwirtschaftlichen Berufen wie zum Beispiel Landwirt oder Florist unterrichtet. In diesem agrarwirtschaftlichen Bereich bestehen auch Bezirksfachklassen für den gesamten Regierungsbezirk. Berufsschulpflichtige Jugendliche ohne Ausbildungsvertrag werden hier ebenfalls beschult. ■

LerNet Bonn/Rhein-Sieg

Vielfältigkeit und Qualitätssicherung der regionalen Weiterbildungsinfrastruktur

Jürgen Hindenberg

Bei rund 350 öffentlichen und privaten Anbietern von rund 4000 Lern- und Bildungsangeboten in der Region Bonn/Rhein-Sieg ist es für Bildungsinteressierte – seien es Privatpersonen oder Unternehmen – ausgesprochen schwer, eine zielgenaue Auswahl zu treffen.

Der Verein LerNet Bonn/Rhein-Sieg, der auf Initiative des Rhein-Sieg-Kreises, der Stadt Bonn und der Agentur für Arbeit unter Federführung der Industrie- und Handelskammer gegründet wurde, hat es sich daher zum Ziel gesteckt, allen Bildungsinteressierten Informationen rund um das Thema Qualifizierung zugänglich zu machen.

Darüber hinaus versteht sich der Verein als Qualitätsgemeinschaft, sodass sich alle Vereinsmitglieder verpflichtet haben, identische Mindeststandards in ihren Bildungszentren einzuhalten. Lebensbegleitendes berufliches Lernen wird auf der alle zwei Jahre im Kreishaus Siegburg stattfindenden Bildungsmesse, dem jährlichen Bonner Lernfest und durch einen barrierefreien Internetauftritt (www.lernet.de), in dem alle Kurse, Seminare oder Studiengänge entsprechend der Empfehlungen von Stiftung Warentest dargestellt werden, in die Region transportiert.

Der Rhein-Sieg-Kreis, die Stadt Bonn und die Industrie- und Handelskammer sind Ehrenmitglieder des Vereins. Der Verein wird von einem Vorstand und einem Beirat geleitet.

Das gesamte Angebot ist kostenfrei, der Verein ist gemeinnützig und finanziert sich ohne öffentliche Zuschüsse. Das Land Nordrhein-Westfalen stellt daher auch gern diese Initiative als Best-Practice-Beispiel dar. ■

Wir über uns: Dr. Reinold Hagen Stiftung

Menschen fördern, Technik gestalten – so lautet das Leitmotiv der Dr. Reinold Hagen Stiftung, die 1988 gegründet wurde und inzwischen zu den großen, operativ tätigen Stiftungen in Deutschland gehört. Sie ist eine unabhängige und gemeinnützige Stiftung, die ihre Initiativen in den Bereichen berufliche Bildung sowie Forschung und Entwicklung in der Kunststofftechnik und dem Maschinenbau entwickelt.

Die Stiftung initiiert Forschungsvorhaben und führt Forschungsprojekte durch. Sie fördert leistungsstarke junge Menschen auf ihrem beruflichen Weg, vergibt Förderpreise für innovative Lösungen in Wissenschaft und Praxis und prämiert herausragende Ausbildungsleistungen. Lernprozesse in Unternehmen werden durch Aus- und Weiterbildungsmaßnahmen, einen gezielten Wissenstransfer sowie eine ganzheitliche Beratung unterstützt.

Die Stiftung betreibt eine überbetriebliche Ausbildungsstätte und engagiert sich aktiv für junge Menschen, insbesondere um Frauen für technische Berufe zu begeistern sowie Chancen und Entwicklungsmöglichkeiten in diesem Berufsfeld aufzuzeigen.

Alle Aktivitäten der Dr. Reinold Hagen Stiftung und ihrer Beteiligungsgesellschaften, der Hagen Engineering GmbH und der Weiterbildungsgesellschaft der IHK Bonn/Rhein-Sieg, zielen darauf ab, die Position der kleinen und mittleren Unternehmen im nationalen und internationalen Wettbewerb zu stärken.

Auf einen Blick

Gründungsjahr: 1988

Tätigkeitsschwerpunkte:

Aktiv in den Bereichen
- Ausbildung
- Weiterbildung
- Forschung und Entwicklung
- Engineering und Consulting

Die Stiftung bietet Lehrgänge, Trainings- und Qualifizierungsmaßnahmen für die berufliche Aus- und Weiterbildung an. Kooperationen mit Hochschulen und Instituten unterstützen den Technologietransfer zwischen Wissenschaft und Wirtschaft.

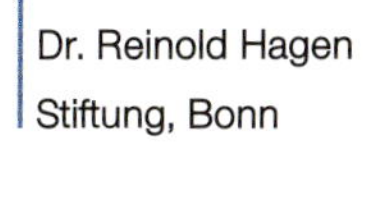

Dr. Reinold Hagen Stiftung, Bonn

Die neuen Fachhochschulen im Rhein-Sieg-Kreis und der Region

Rolf Beyer

Schon vor dem Bonn-Berlin-Hauptstadtbeschluss war die Bedeutung verfügbarer, fachlich gut ausgebildeter Arbeitskräfte für die wirtschaftliche Zukunftsfähigkeit der Region Bonn/Rhein-Sieg/Ahrweiler erkannt worden. Doch erst die Mittel aus dem Bonn-Berlin-Ausgleich ermöglichten den Aufbau von drei neuen Fachhochschulen an fünf Standorten. Unter diesen neuen Fachhochschulen – denen mit ihrer praxis- und unternehmensnahen Ausbildung für die Bewältigung des regionalen Strukturwandels eine besondere Bedeutung zukommt – ist die Fachhochschule Bonn-Rhein-Sieg mit Standorten in Sankt Augustin, Rheinbach und Hennef die größte. 110 Professoren forschen und lehren dort, mit über 4000 Studierenden sind weitaus mehr eingeschrieben, als bei der Gründung geplant waren.

Die größten Studiengänge sind die Informatik und die Betriebswirtschaft/Business Administration mit zwei Fachbereichen. Dazu kommt der interdisziplinäre Studiengang Business Information Systems (Wirtschaftsinformatik). Ergänzt werden diese Fächer am Campus Sankt Augustin durch die ingenieurwissenschaftlichen Studiengänge Elektrotechnik und Maschinenbau in Verbindung mit dem innovativen Studiengang Technikjournalismus. Ein Schwerpunkt am Campus Rheinbach liegt in den angewandten Naturwissenschaften mit den interdisziplinär ausgerichteten und englischsprachigen Studiengängen Chemistry with Materials Science sowie Biology. In der Informatik, in Business Administration und Biology werden akkreditierte Master-Studiengänge angeboten. Am Campus Hennef wird in Kooperation mit dem Hauptverband der gewerblichen Berufsgenossenschaften der Bachelor-Studiengang Sozialversicherung angeboten.

Aktuelle Schwerpunkte der Forschung an der Fachhochschule sind die beiden Themenfelder „Life Sciences" sowie „Informations- und Kommunikationstechnologien". Ein Fokus liegt auf dem Gebiet der Biomedizin, ein Bereich, in dem Fachhochschulen mit ihrem praxisorientierten F&E-Potenzial bislang nur relativ selten tätig geworden sind.

Konkrete Kooperationen bestehen sowohl mit NRW-Hochschulen wie der Universität Bonn als auch mit außeruniversitären Forschungseinrichtungen wie dem Deutschen Zentrum für Luft- und Raumfahrt oder dem Forschungszentrum caesar. Insbesondere wirkt die Fachhochschule im Kompetenznetzwerk Stammzellforschung NRW mit. Die gemeinsam mit der Fachhochschule Aachen betriebene Kompetenzplattform „Bioengineering" ist eines der zentralen, profilbildenden Elemente für die anwendungsorientierte Forschung der Hochschule.

Die Forschung und Entwicklung im Bereich der Informations- und Kommunikationstechnologien hat für die Fachhochschule besondere Bedeutung, nicht zuletzt wegen ihres Umfelds, das stark durch die Telekommunikations- und IT-Branche geprägt ist. Hier will sich die Hochschule als regionales Zentrum für innovative Dienstleistungen und Technologietransfer profilieren – in enger Kooperation mit vier Fraunhofer-Instituten am Institutszentrum Schloss Birlinghoven in Sankt Augustin sowie relevanten Unternehmen.

Fachhochschule Bonn-Rhein-Sieg in Sankt Augustin

Die Internationale Fachhochschule Bad Honnef • Bonn bietet zukunftsorientierte Ausbildung ausschließlich im Dienstleistungssektor.

Zu den wesentlichen Säulen der regionalen Vernetzung zählt das Bonn-Aachen International Center for Information Technology (b-it), an dem neben der FH Bonn-Rhein-Sieg und dem Fraunhofer-Institutszentrum Schloss Birlinghoven noch die Universität Bonn sowie die RWTH Aachen beteiligt sind. Fokus der Arbeiten sind Fragen zur Konstruktion von interagierenden autonomen Systemen, in enger Kooperation mit dem Fraunhofer-Institut für Autonome Intelligente Systeme (AIS) in Sankt Augustin.

Das Anforderungsprofil international tätiger Manager hat sich verändert. Diese Entwicklung hat die Internationale Fachhochschule Bad Honnef • Bonn erkannt und bietet jungen, interessierten Menschen als erste private, staatlich anerkannte Hoch-

Auf einen Blick

Gründungsjahr: 1973

Studenten: ca. 350

Studienangebot:
- Architektur
- Bildhauerei
- Malerei
- Sprachgestaltung/ Schauspiel
- Eurythmie
- Wirtschaftswissenschaften (ab Oktober 2006)

- Kunsttherapie
- Heileurythmie
- Kulturpädagogik
- Kunstpädagogik

Studienabschluss:
Diplom

Weiterbildungsangebot:
- Künstlerische Kurse für Einsteiger und Fortgeschrittene
- Existenzgründung für Künstler
- Museumspädagogik
- Therapeutische und pädagogische Fortbildungen

Wir über uns: Alanus Hochschule für Kunst und Gesellschaft

Architektur, Bildhauerei, Malerei, Schauspiel und Eurythmie – das Studienangebot der Alanus Hochschule im Johannishof in Alfter ist in dieser Kombination nicht nur im Rhein-Sieg-Kreis einzigartig. Ab Oktober 2006 wird an der staatlich anerkannten Kunsthochschule zudem ein weiteres Novum hinzukommen: ein wirtschaftswissenschaftlicher Studiengang, der betriebswirtschaftliches Fachwissen mit philosophischen und künstlerischen Aspekten verbindet.

Das künstlerische Studium ist jedoch nicht alles: Ein wichtiger Aspekt der Ausbildung ist die intensive Auseinandersetzung mit der sozialen Bedeutung der Kunst. Parallel zum Kunststudium können die Studierenden sozialkünstlerische Zusatzqualifikationen erwerben und lernen so, mit der Kunst auf allen Arbeitsfeldern etwas zu bewegen – sei es als Freie Künstler, als Lehrer an Schulen, in sozialen Einrichtungen oder in internationalen Kulturprojekten.

Seit 2003 verfügt die Hochschule außerdem über ein eigenes Weiterbildungszentrum, das Alanus Werkhaus. Hier finden Interessierte ein breites Angebot an künstlerischen Kursen und beruflichen Fortbildungen.

Alanus Hochschule Staatlich anerkannte Hochschule für Kunst und Gesellschaft Alfter

Studierende finden im Rhein-Sieg-Kreis ein umfassendes Angebot.

schule eine zukunftsorientierte Ausbildung ausschließlich im Dienstleistungssektor an. Dazu zählen Studiengänge in den Bereichen Internationale Betriebswirtschaft, Luftverkehrs-, Tourismus-, Hotel- und Eventmanagement.

Zurzeit qualifizieren sich knapp 1000 Studierende in Bad Honnef. Das kompakte, rein englischsprachige Studium in einem internationalen Umfeld, die kurze Studiendauer, die konsequente Praxisorientierung sowie umfangreiche Industriekontakte schon während des Studiums bereiten die Studierenden optimal auf die Anforderungen professionellen Dienstleistungsmanagements vor. Besonderer Wert wird hierbei auf die Vermittlung von sozialer Kompetenz und Medienkompetenz als unabdingbare Voraussetzungen für die Übernahme von Führungsaufgaben gelegt.

Der Aufbau eines internationalen Netzwerks bietet sich für die Studierenden schon während des Studiums an: auf einem Campus, der seinesgleichen sucht, mit internationalen Professoren und Studenten. In dieser multikulturellen Gesellschaft entwickeln die Studierenden neben unternehmerischen Visionen auch interkulturelle Kompetenzen.

Im nördlichen Rheinland-Pfalz, in unmittelbarer Nachbarschaft zum Rhein-Sieg-Kreis, schärft der RheinAhrCampus Remagen mit seinem Fächerspektrum das Profil der Region speziell in den Bereichen Gesundheit, Fitness und Tourismus und bietet darüber hinaus starke Angebote im Hightechsektor, die auch international Beachtung finden.

Gegenwärtig sind rund 1700 Studierende in den Disziplinen Bio- und Wirtschaftsmathematik, Laser- und Medizintechnik, Gesundheits- und Sozialwirtschaft, Logistik und E-Business sowie Sportmanagement eingeschrieben. Zeitnah werden alle Studiengänge auf die internationalen Bachelor- und Masterabschlüsse umgestellt sein. Im Bereich der Naturwissenschaften ist bereits der internationale Studiengang „Master of Applied Physics" akkreditiert sowie im Rahmen der betriebswirtschaftlichen Ausbildung ein MBA-Fernstudiengang mit sechs Vertiefungen. ■

Zusammenarbeit zwischen Wirtschaft und Wissenschaft forciert

Rolf Beyer

Für dieses Ziel steht technologieinteressierten und innovationsorientierten Unternehmen in der Wissenschaftsregion Bonn ein kompetentes Partnernetzwerk aus den Forschungs- und Wissenschaftseinrichtungen, der Wirtschaftsförderung und der IHK zur Verfügung.

Für Unternehmen bietet der Zugang zu neuesten Erkenntnissen auf wirtschaftlich relevanten Gebieten Wettbewerbsvorteile, für Wissenschaftseinrichtungen ist die Umsetzung ihrer wissenschaftlichen Erkenntnisse und Entwicklungen in Anwendungen und Produkte interessant.

Insbesondere nach dem Aufbau der Fachhochschulen im Rhein-Sieg-Kreis und der Region, aber auch dank der verstärkten Marktorientierung anderer Forschungseinrichtungen ist die starke Ausweitung der Zusammenarbeit von Wissenschaft und Unternehmen in den letzten Jahren zu einem wesentlichen Merkmal der Wissenschaftsregion Bonn geworden.

Der Bildungsgrad der Bevölkerung in der Region liegt landesweit an der Spitze, dem Arbeitsmarkt steht ein großes Potenzial wirtschaftsnah ausgebildeter und hoch qualifizierter Absolventen zur Verfügung. Dieses Wissenspotenzial kann innovationsorientierten Unternehmen verfügbar gemacht werden und hilft, Vorsprünge bei der Wertschöpfung und im Wettbewerb zu erlangen.

Die Wirtschaftsförderung des Rhein-Sieg-Kreises organisiert seit Jahren und mit großem Erfolg auf führenden internationalen Leitmessen wie der Hannover Messe Industrie, Medica, Biotechnica, Intergeo oder Ceramitec eigene Messeauftritte mit einem Gemeinschaftsstand unter dem Motto „Wissenschaftsregion Bonn". Auf diesen Messen können die hiesigen Hochschulen und Forschungseinrichtungen sowie Spin-offs und innovative Unternehmen ihre neuen Entwicklungen und Produkte in einem professionellen Umfeld an den Markt bringen und neue Kooperationspartner aus der Wirtschaft finden.

Neben der Bereitstellung des Innovationspotenzials aus der Forschung für Unternehmen und der Durchführung von Kooperationen zwischen Wissenschaft und Wirtschaft sind erfolgreiche Gründungen neuer Unternehmen eine weitere wesentliche Voraussetzung zur Bewältigung des Strukturwandels. Insbesondere Ausgründungen aus den Forschungseinrichtungen und Hochschulen verfügen über ein überdurchschnittlich hohes Innovationspotenzial. Ein wichtiges Instrument zur Verbesserung der Start- und Wachstumschancen dieser jungen Unternehmen sind Gründer- und Technologiezentren. Mit attraktiven Standortangeboten, Netzwerken, Beratungs- und Serviceleistungen gehen von diesen Zentren wichtige Impulse für die regionalwirtschaftliche Entwicklung aus.

Der Rhein-Sieg-Kreis ist aufgrund der ungewöhnlich hohen Wissenschaftsdichte in der Region als Standort für Gründer- und Technologiezentren besonders prädestiniert und verfügt inzwischen über vier solcher Zentren an den Standorten Rheinbach (2), Sankt Augustin und Troisdorf.

Bei dem BusinessCampus Rhein-Sieg handelt es sich um zwei hochschulnahe Zentren für Existenzgründung in Rheinbach

Fraunhofer-Instituts-
zentrum Schloss
Birlinghoven

Das FGAN-Gelände
in Wachtberg bei Bonn

Auf einen Blick

Gründungsjahr: 1955

Mitarbeiter: etwa 520, darunter etwa 220 Wissenschaftler

Etat: etwa 37 Mio. Euro pro Jahr

Institute:
- Forschungsinstitut für Hochfrequenzphysik und Radartechnik (FHR)
- Forschungsinstitut für Kommunikation, Informationsverarbeitung und Ergonomie (FKIE); beide in Wachtberg
- Forschungsinstitut für Optronik und Mustererkennung (FOM); in Ettlingen, BW

Kernkompetenzen:
- Hochfrequenzphysik und Radartechnik
- Optronik und Wärmebildtechnik
- Bildverarbeitung und automatische Mustererkennung
- Ergonomie/Gestaltung der Mensch-Maschine-Schnittstelle
- Kommunikation und Informationssysteme

Wir über uns: Forschungsgesellschaft für Angewandte Naturwissenschaften e. V. (FGAN)

Die Forschungsgesellschaft für Angewandte Naturwissenschaften e. V. (FGAN) betreibt seit fast 50 Jahren anwendungsorientierte Forschung im Bereich wehrtechnischer Aufgabenstellungen.

In ihren innovativen Forschungs- und Entwicklungsprojekten beschäftigen sich die Mitarbeiter der FGAN sowohl mit längerfristigen Themen der angewandten Grundlagenforschung als auch mit kurzfristiger Problemlösung. Durch ihre Arbeiten wird Zukunftstechnologie bis zur Anwendungsreife vorangetrieben und die Erarbeitung von technologischen Systemkonzepten unterstützt.

Die FGAN ist eingebunden in zahlreiche nationale und internationale Kooperationen mit Hochschulen, Forschungseinrichtungen und Firmen. Sie sieht ihre Stärke im effizienten Wissenstransfer zwischen Forschung, Industrie und Anwendern und trägt so zur Wettbewerbsfähigkeit und Zukunftssicherung Deutschlands und Europas bei.

Forschungsgesellschaft für Angewandte Naturwissenschaften e. V. (FGAN)
Wachtberg-Werthhoven

Das Gründer- und Technologiezentrum in Rheinbach steht vorrangig jungen Existenzgründern zur Verfügung.

und Sankt Augustin, die die Gründung neuer Unternehmen sowie die Entwicklung junger Firmen durch Ansiedlung, Service und Beratung fördern. Das Angebot richtet sich insbesondere an Hochschulangehörige und Absolventen der Fachhochschule Bonn-Rhein-Sieg, ist aber auch offen für Ausgründungen aus den anderen Hochschulen und Forschungseinrichtungen in der Region.

In zwei Neubauten werden Büro-, Labor- und Konferenzräume zu günstigen Konditionen angeboten, infrastrukturelle Einrichtungen der Fachhochschule können mitgenutzt werden. Gemeinsame Betreiber des BusinessCampus sind die Wirtschaftsförderung des Rhein-Sieg-Kreises, die Kreissparkasse Köln und die FH Bonn-Rhein-Sieg, die ihre Kompetenzen gebündelt haben und gemeinsam für eine optimale Betreuung der jungen Unternehmen vor Ort sorgen.

Das Gründer- und Technologiezentrum Rheinbach (GTZ) in der Nachbarschaft zur Fachhochschule steht vorrangig innovativen Existenzgründern und -gründerinnen als Keimzelle für unternehmerisches Wachstum zur Verfügung. Jungen Unternehmen werden hier auf 7000 Quadratmetern optimale Startvoraussetzungen geboten. Unternehmensfördernde Dienstleistungen sowie variable Büro-, Labor- und Werkhallenflächen können gemietet werden. Ein Technikum unterstützt den Gründungsprozess, insbesondere von Unternehmen aus den Leitbranchen Glas, Keramik und Neue Werkstoffe. Alle Existenzgründer im GTZ werden über Fördermittel umfassend informiert, organisierte Seminare und Workshops führen in das Thema ein.

Heute sind 39 Betriebe mit rund 200 Mitarbeitern hier angesiedelt. Die umliegenden Gewerbeflächen bieten Unternehmen nach ihrem Auszug gute Ansiedlungsmöglichkeiten in der unmittelbaren Nachbarschaft.

Die Troisdorfer Wirtschaftsförderungsgesellschaft und das Unternehmen HT TROPLAST AG stellen in zentraler Lage mitten in Troisdorf günstige Büro-, Werkstatt- und Laborflächen zur Verfügung. Das Angebot richtet sich an Gründungen, Auslagerungen und junge Unternehmen. Besonders angesprochen sind die Branchen Kunststoffverarbeitung, Chemie, Biotechnologie, Oberflächentechnik, Werkzeug- und Maschinenbau sowie zugehörige Dienstleistungen.

Flankiert werden all diese Aktivitäten zur Förderung der Zusammenarbeit von Wissenschaft und Wirtschaft sowie Unternehmensgründungen von einem kreisweit angebotenen Veranstaltungsprogramm, das mit Vorträgen, Seminaren und Workshops den Teilnehmern aktuelle Informationen für die betriebliche Praxis und Möglichkeiten zur weiteren persönlichen Qualifizierung anbietet. ■

Für Kinder, Jugendliche und Familien im Rhein-Sieg-Kreis

Hermann Allroggen / Ulla Schrödl

Der Rhein-Sieg-Kreis ist ein Kreis, in dem Familien mit Kindern gut leben können. Familien finden hier nicht nur berufliche Perspektiven, sondern auch ein lebenswertes Umfeld mit qualitativ hochwertigen Angeboten zur Kinderbetreuung.

Das Angebot an Kindergärten im Rhein-Sieg-Kreis ist flächen- und bedarfsdeckend.

Für die Jüngsten der Familien, für die Kinder, steht im Rhein-Sieg-Kreis ein flächen- und bedarfsdeckendes Angebot an Kindergartenplätzen zur Verfügung, das in Zusammenarbeit mit den 19 Städten und Gemeinden und erfahrenen Trägern seit Jahren qualitätsbezogen weiterentwickelt wird.

Für die Kinder unter 3 Jahren wird derzeit ein bedarfsbezogenes und lokaldifferenziertes Betreuungsangebot ausgebaut, das sich modular aus einrichtungsgebundenen Plätzen, Betreuungsmöglichkeiten bei Tagesmüttern und anderen Betreuungsformen, wie zum Beispiel Spielgruppen, zusammensetzt. Das Betreuungsangebot baut auf den bereits in allen Städten und Gemeinden im Gebiet des Kreisjugendamtes vorhandenen Tagespflegeangeboten auf, die von erfahrenen und kompetenten Tagesmüttern kind- und familiengerecht angeboten werden.

Wenn Familien im Einzelfall bei der Betreuung und Erziehung ihrer Kinder der Hilfe des Jugendamtes oder der Erziehungsberatungsstelle des Kreises bedürfen, steht ein stark ausdifferenziertes Spektrum an individuellen Hilfen zur Verfügung, das von den Instrumenten des Kinder- und Jugendhilfegesetzes bis zur einzelfallbezogenen Unterstützung reicht. Dazu gehören zum Beispiel Mädchengruppen, Angebote in den einzelnen Jugendhilfezentren oder Hilfen in der Familie. Mehr als ein Dutzend Familienhelferinnen stellt der Kreis den Erziehenden für derartige Fälle zur Seite.

Seit dem Jahr 2002 hat der Rhein-Sieg-Kreis die Aufgaben seines Jugendamtes dezentralisiert mit dem Ziel, Jugendhilfe und Jugendarbeit stärker sozialraumorientiert zu erfüllen und für junge Menschen und Familien im großen Rhein-Sieg-Kreis schneller erreichbar zu sein. Im Zuge der Neuorganisation „Jugendamt 2000" wurden seinerzeit so gut wie alle Leistungen des Jugendamtes aus dem Kreishaus in Siegburg ortsnah in Jugendhilfezentren abgegeben. Heute erbringen im linksrheinischen Kreis-

Wir über uns: Asklepios Kinderklinik Sankt Augustin

Bei der Asklepios Klinik Sankt Augustin handelt es sich um eine Klinik, die sich mit ganz besonderem Engagement um die Gesundheit ihrer Patienten kümmert: Sie ist spezialisiert auf die Bedürfnisse kranker Kinder aller Altersstufen, vom Säugling bis zum Jugendlichen.

Grundlage der Arbeit ist ein ganzheitlicher Ansatz, der das kranke Kind in den Mittelpunkt stellt und die Eltern in die Betreuung mit einbindet.

Dabei greift die Klinik auf über 30-jährige Erfahrungen in der Behandlung von Kindern zurück. 12 Fachabteilungen, multiprofessionelle Teams und die jeweiligen Spezialisten ermöglichen die Behandlung von außergewöhnlich vielen Krankheitsbildern. Modernste Medizintechnik und neueste Verfahren der Diagnostik und Therapie machen es möglich, Krankheiten zu behandeln, die oft vor einigen Jahren als nicht therapierbar galten.

Asklepios Kliniken haben es sich zum Ziel gesetzt, die Unternehmensgrundsätze aktiv in der täglichen Arbeit umzusetzen. Die Basis bilden die drei Hauptanliegen Mensch – Medizin – Mitverantwortung.

Der Mensch steht dabei im Vordergrund. Patienten sollen sich optimal behandelt und betreut fühlen.

Qualitativ hochwertige und innovative Medizin und Therapie soll die Gesundheit der Patienten schnellstmöglich wiederherstellen. Dazu gehören nicht nur die medizinische Ausstattung der Kliniken, sondern auch das Ambiente und der Servicestandard des Hauses.

Bei der Auswahl der Mitarbeiterinnen und Mitarbeiter werden hohe Anforderungen an die Qualifikation gestellt. Regelmäßige Fortbildung und Qualifizierung sind selbstverständlich und sichern, neben dem „Asklepios Qualitätsprogramm für Integriertes Qualitätsmanagement", einen hohen Qualitätsstandard.

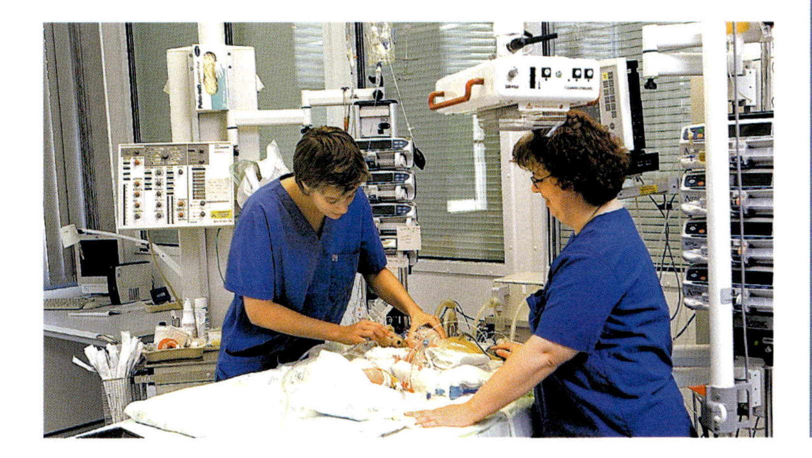

Intensivstation Deutsches Kinderherzzentrum

Auf einen Blick

Fachabteilungen:

- Allgemeine Kinder- und Jugendmedizin
- Anästhesiologie
- HNO-Heilkunde
- Kinderchirurgie/ Kinderurologie
- Deutsches Kinderherzzentrum:
  - Kinder-Herz- und Thoraxchirurgie,
  - Kinderkardiologie
- Kinderorthopädie
- Tagesklinik und Institutsambulanz für Kinder- und Jugendpsychiatrie, Psychosomatik und Psychotherapie
- Mund-, Kiefer- und Gesichtschirurgie
- Neonatologie/ Pädiatrische Intensivmedizin
- Praenatale Medizin angeborener Fehlbildungen
- Radiologie (bildgebende Diagnostik)
- Sozial Pädiatrisches Zentrum (SPZ)
- Kompetenzzentrum Perinatal-Medizin

Weitere Abteilungen:

- Astrid-Lindgren-Schule
- Kindergarten „Regenbogenland"
- Kinderkrankenpflegeschule
- Physiotherapie
- Seelsorge, evangelisch
- Seelsorge, katholisch
- Sozialdienst

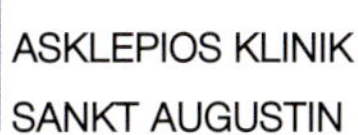

ASKLEPIOS KLINIK SANKT AUGUSTIN

gebiet zwei Jugendhilfezentren, nämlich Alfter/Wachtberg und Rheinbach, und im rechtsrheinischen Kreisgebiet drei Jugendhilfezentren, nämlich Königswinter/Bad Honnef, Eitorf/Windeck und Neunkirchen-Seelscheid/Much/Ruppichteroth alle relevanten Aufgaben direkt vor Ort, wie zum Beispiel Beratung im allgemeinen Sozialdienst, Fragen der wirtschaftlichen Jugendhilfe und Verschaffung eines Kindergartenplatzes. Die Bürgerinnen und Bürger profitieren von den kurzen Wegen zu ihrem Jugendamt (max. 30 Minuten zum nächsten Jugendhilfezentrum bzw. zur Sprechstunde im örtlichen Rathaus).

Zunehmend setzt das Jugendamt auf eine verstärkte Kooperation auch mit dem Bereich Schule, um so frühzeitig vorausschauend Problemsituationen zu erkennen und möglichst in einem Stadium helfen zu können, in dem die Probleme bei den Kindern bzw. in der Familie sich noch nicht verfestigt haben. Dazu gehören auch sozialraumorientiert in den einzelnen Jugendhilfezentren so genannte „runde Tische", an denen in regelmäßigen Gesprächen all die Einrichtungen und Akteure einbezogen werden, die im Kontakt mit Kindern, Jugendlichen und deren Eltern Hilfe leisten.

Um die Chancen von Kindern und Jugendlichen frühzeitig und nachhaltig zu fördern, hat der Rhein-Sieg-Kreis gemeinsam mit der Bundeszentrale für gesundheitliche Aufklärung (BzgA) vor ca. zwei Jahren eine große Kampagne unter der Bezeichnung „GUT DRAUF-Modellregion Rhein-Sieg" gestartet. In dieser Kampagne wird Jugendlichen zwischen 14 und 18 Jahren nahe gebracht, dass Bewegung, Ernährung und Entspannung wichtige Faktoren für ihr Leben und ihre Zukunft darstellen und wie sehr sie damit außer ihrer Gesundheit auch ihre allgemeinen Entwicklungschancen positiv beeinflussen können. Gemeinsam mit Kooperationspartnern wie zum Beispiel dem KreisSportBund, dem Schulbereich, dem Kreisjugendring und auch den Krankenkassen werden der Zielgruppe jugendgerechte Beispiele gesunder Ernährung, ausreichender Bewegung und angenehmer, sinnvoller Entspannung gezeigt. Mehr als 3000 Jugendliche haben inzwischen aktiv an den Veranstaltungen dieser Kampagne teilgenommen. Daneben wurden über 120 Trainer, Freizeitbetreuer, Lehrer und Erzieher sowie demnächst auch Eltern darin geschult, wie die Gedanken von „GUT DRAUF" jugendgerecht und nachhaltig in das Leben unserer jungen Mitmenschen integriert werden können. Der Rhein-Sieg-Kreis wird die Ideen und Ziele dieser Kampagne kreisweit in Einrichtungen der Jugend, in Schulen und in Freizeitangeboten verankern und unterstützt die Teilnahme an der Aktion durch offizielle Zertifizierungen.

„GUT DRAUF-Elemente" spielen natürlich auch eine wichtige Rolle in der offenen Kinder- und Jugendarbeit: In insgesamt 16 Jugendfreizeiteinrichtungen in den Städten und Gemeinden des Kreises werden für die Zielgruppe zwischen 12 und 17 Jahren viele Angebote über Sucht- und AIDS-Prävention, Gewaltprävention, Jugendcafé bis hin zur Bildung von Medienkompetenz im Umfang mit Computer und Internet gemacht. Wie in einem „zweiten Zuhause" finden die Jugendlichen für sich und ihren Freundeskreis hier Raum für eine entspannte, kommunikative und auch noch pädagogisch sinnvolle Freizeitgestaltung. Richtiges Prinzip dabei ist die Partizipation, das heißt die Programme und die Schwerpunkte der Angebote in den Einrichtungen werden unter Beteiligung der Besucher ausgewählt und gestaltet. ■

Wir über uns: Haus Rheinfrieden Rhöndorf

Seit 53 Jahren arbeitet die Einrichtung der Josefs-Gesellschaft erfolgreich in der Rehabilitation junger Menschen mit körperlichen Behinderungen.

Die Schüler qualifizieren sich in den Bildungsgängen des Nell-Breuning-Berufskollegs im Haus Rheinfrieden. Die staatlich anerkannte Förderschule führt in der Handelsschule nach drei Jahren zur Fachoberschulreife mit beruflicher Grundbildung. Die zweijährige Höhere Handelsschule vermittelt zu dem schulischen Teil der Fachhochschulreife erweiterte berufliche Kenntnisse. In Bonn lernen Auszubildende in der kaufmännischen Berufsschule.

Das Internat bietet Platz für 59 Schüler. Die jungen Menschen steigern durch die Rehabilitationsarbeit Eigenständigkeit und Sozialkompetenz. Im Rehabilitationsteam, bestehend aus Lehrern, Sozialpädagogen, Fachdiensten und dem Schüler selbst, steht letztgenannter im Mittelpunkt. Er bestimmt maßgeblich seine Entwicklung selbst. Das Einzugsgebiet der Einrichtung geht weit über die Landesgrenzen hinaus.

Auf einen Blick

Eine Einrichtung der Josefs-Gesellschaft gGmbH

Einrichtung für Jugendliche und junge Erwachsene mit körperlichen Behinderungen

Einrichtungsteile:

Nell-Breuning-Berufskolleg für Wirtschaft und Verwaltung
- staatlich anerkanntes Berufskolleg
- Platz für 125 Schülerinnen und Schüler
- gemeinsamer Unterricht von behinderten und nichtbehinderten Schülern

Internat
- Platz für 59 Schülerinnen und Schüler
- 2 Außenwohngruppen mit insgesamt 17 Plätzen
- 2 Wohnebenen im Haupthaus mit 42 Plätzen
- Begleitung durch Sozialpädagogen, Erzieher und Pflegefachkräften

■

Haus Rheinfrieden Rhöndorf

Auf einen Blick

Gründungsjahr: 1925

Mitarbeiter:
75 in sieben Fachbereichen

Angebotsspektrum:
- Don Bosco Haus (Haftentlassenen- und Nichtsesshaftenhilfe)
- Obdachlosenarbeit
- Wohnungslosenhilfe
- Betreuungen (BtG)
- ambulante Kinder-, Jugend- und Familienhilfe
- Schuldnerberatung
- Sozialpsychiatrisches Zentrum
- Allgemeiner Sozialer Dienst
- Tafeln (Lebensmittel- und Mahlzeitenausgabe)

Wir über uns: SKM – Katholischer Verein für Soziale Dienste im Rhein-Sieg-Kreis e. V.

Der SKM ist ein Fachverband im Deutschen Caritasverband und nimmt vielfältige Aufgaben in den Bereichen Jugend-, Gefährdeten- und Wohnungslosenhilfe sowie in der Schuldnerberatung, der gesetzlich geregelten Betreuung und der Arbeit mit psychisch kranken Menschen wahr.

So bietet der SKM verschiedene Maßnahmen und Hilfsangebote für Haftentlassene mit dem Ziel, ein Leben ohne Sozialhilfe und erneute Straftaten zu führen. Für nichtsesshafte Personen stehen verschiedene Übernachtungseinrichtungen zur Verfügung. Einzelfallhilfe und Gruppenarbeit sowie längerfristige Begleitung und Betreuung sind weitere Angebote im Fachbereich Obdachlosenarbeit.

Aber auch psychisch kranke Menschen, Kinder, Jugendliche und Familien mit Erziehungsproblemen sowie überschuldete Personen werden beim SKM individuell betreut und beraten.

SKM – Katholischer Verein für Soziale Dienste im Rhein-Sieg-Kreis e. V.
Siegburg

SkF –
da sein, leben helfen

Auf einen Blick

Gründungsjahr: 1925

Mitarbeiter:
5 ehrenamtlich tätige Vorstandsmitglieder;
38 hauptamtliche MitarbeiterInnen;
98 Mitglieder;
61 ehrenamtliche MitarbeiterInnen ohne Mitgliedschaft

Angebotsspektrum:
- Sozialer Dienst
- Erzieherische Hilfen/Jugendhilfe
- Koordination Ehrenamt
- *esperanza* Beratungs- und Hilfenetz vor, während und nach einer Schwangerschaft
- Adoptionsvermittlung, Pflegekinder, Tagespflege
- Vormundschaften und Pflegschaften für Minderjährige
- Rechtliche Betreuungen

Wir über uns: Sozialdienst katholischer Frauen für den Rhein-Sieg-Kreis e. V. Siegburg

Der Sozialdienst katholischer Frauen ist ein Fachverband der Deutschen Caritas und bietet ein vielfältiges Beratungsangebot im gesamten Rhein-Sieg-Kreis an.

Die Fachdienste „Adoptionsvermittlung" und „esperanza" (Schwangerschaftsberatung) sind in einem größeren Einzugsgebiet tätig. Schwerpunkte sind die Kinder- und Jugendhilfe, die Gefährdetenhilfe sowie Hilfe für Frauen und Familien. Sämtliche Beratungsleistungen sind natürlich vertraulich und kostenlos.

Der SkF engagiert sich für in soziale Not geratene Menschen, um ihre Lebenschancen zu verbessern. Ein Hauptanliegen ist dabei die fachliche und sozialpolitische Arbeit aus der mädchen- und frauenspezifischen Perspektive.

Die Arbeit des SkF basiert auf einem christlichen Welt- und Menschenbild, ist aber selbstverständlich offen für Menschen anderer Weltanschauungen und Lebenssituationen.

Kindern eine Zukunft geben

Sozialdienst katholischer Frauen für den Rhein-Sieg-Kreis e. V. Siegburg

Menschen im Rhein-Sieg-Kreis – Älterwerden in einer lebenswerten Region

Hermann Allroggen

Seine älteren Mitbürgerinnen und Mitbürger liegen dem Kreis ganz besonders am Herzen.

Der Rhein-Sieg-Kreis mit seinen nahezu 600 000 Einwohnern ist einerseits ein junger Kreis mit vielen Einwohnern im Kindes- und Jugendalter (rund 120 000 unter 18 Jahre); andererseits zeigt die demographische Entwicklung bis zum Jahr 2020 einen Anstieg des Anteils der Senioren (über 60 Jahre) an der Gesamtbevölkerung von derzeit 20 auf dann 27 Prozent auf. Mit Blick auf diese Veränderungen in der Bevölkerungsstruktur sorgt der Rhein-Sieg-Kreis bereits jetzt auf vielfältige Weise vor, damit sich seine älteren Bürgerinnen und Bürger auch in Zukunft im Rhein-Sieg-Kreis wohl fühlen.

Dies bezieht sich nicht nur auf die zahlreichen Möglichkeiten der Freizeitgestaltung im Kreis – Spaziergänge an Rhein und Sieg, Wandern im Siebengebirge, Rad fahren bei „Siegtal pur" – oder auf die kulturellen Angebote, zum Beispiel das jährliche Beethoven-Festival. Besondere Sorgfalt verwendet der Kreis auf die Aufgabenbereiche altengerechtes Wohnen, ambulante Pflege oder auch auf allgemeine Informationen, wie Senioren ihr Leben im Rhein-Sieg-Kreis gestalten können. So hat der Rhein-Sieg-Kreis kürzlich mit der 2. Auflage des „Seniorenratgebers für den Rhein-Sieg-Kreis" eine kompakte und gut lesbare Informationsschrift für die spezifischen Bedürfnisse unserer älteren Mitbürger und Mitbürgerinnen herausgegeben. Viele Hinweise, Tipps und Namen von Ansprechpartnern in den verschiedensten seniorenrelevanten Lebensbereichen, zum Beispiel Einrichtungen der Gesundheitshilfe, Wohlfahrtsverbände, Freiwilligenagentur, Einrich-

Fortsetzung Seite 137

Auf einen Blick

- Betreutes Wohnen
- Vollstationäre Pflege
- Kurzzeitpflege
- Kein Umzug bei Pflegebedürftigkeit

- Einzelapartments
- Doppelapartments
- Apartments mit Küchenblock, Duschbad und WC
- Telefon- und TV-Anschluss
- Mitbringen eigener Möbel

- Freie Arztwahl
- Gerontopsychiatrische Versorgung
- Sozialer Dienst
- Beschäftigungsangebote
- Friseur und Fußpflege

- Gottesdienste
- Kulturelle Angebote
- Cafeteria
- Sinnes- und Erlebnisgarten
- Hauszeitung
- Hausbibliothek

Wir über uns: Evangelisches Altenzentrum Haus am Römerkanal

Das Haus am Römerkanal ist eine moderne, großzügig ausgestattete Anlage. Mitten im Leben der Kleinstadt Rheinbach bietet die zentral gelegene Einrichtung ein Höchstmaß an Lebensqualität und persönliche Geborgenheit. In hellen Apartments finden die Bewohner privaten Raum zum Wohlfühlen, in denen Betreutes Wohnen – und bei Pflegebedürftigkeit Vollversorgung – angeboten wird. Der vertraute Lebensraum bleibt damit auch bei Pflegebedürftigkeit erhalten und gibt Sicherheit.

Qualifizierte Fachkräfte gewährleisten den Bewohnerinnen und Bewohnern Pflege und Betreuung rund um die Uhr. Fachliche Fähigkeiten mit natürlicher Menschlichkeit zu verbinden, ist dabei der Anspruch und das Ziel. Die tägliche Arbeit hat ihre Wurzeln in der christlichen Ethik. Vertrauen, gegenseitige Wertschätzung, Offenheit sowie Toleranz sind die Basis allen Handelns.

Das Ev. Altenzentrum Haus am Römerkanal bietet eine Atmosphäre zum Wohlfühlen.

■ Evangelisches Altenzentrum Haus am Römerkanal Rheinbach

Träger: Rheinische Gesellschaft für Innere Mission und Hilfswerk GmbH

Der Bauerngarten mit direktem Zugang vom Haus bietet ein besonderes Stück Lebensqualität für die Bewohner des Helenenstiftes. Neben Blumen, Stauden und Kräutern werden alle bekannten Gemüsesorten angebaut und geerntet.

Wir über uns: Caritasverband für den Rhein-Sieg-Kreis e. V.

Der Caritasverband wurde 1968 gegründet und bietet eine Vielzahl karitativer und sozialer Dienstleistungen an. In den Diensten und Einrichtungen arbeiten zurzeit 650 Menschen tagtäglich daran das Leitmotiv umzusetzen: „Erfahrung schafft Vertrauen – Caritas“

Die Ambulante Krankenpflege bietet flächendeckend im Rhein-Sieg-Kreis ihre professionelle Pflege und Betreuung an, damit es möglich ist, in der gewohnten häuslichen Umgebung zu bleiben. Der Caritasverband setzt bei der Erbringung der medizinischen und pflegerischen Versorgung auf qualifizierte Mitarbeiter und arbeitet eng mit Hausärzten und Krankenhäusern zusammen. Zum Angebotsspektrum der Ambulanten Krankenpflege zählen auch der Hausnotrufdienst, Tagespflege, Familienpflege und unser Angebot „Essen auf Rädern“. Die Auswahl des Dienstes Essen auf Rädern berücksichtigt auch Schonkost und für Diabetiker geeignete Essen. Eine Besonderheit ist, dass von montags bis freitags das Essen frisch zubereitet ausgeliefert wird.

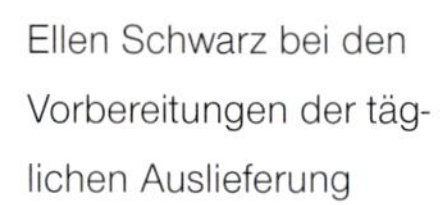

Ellen Schwarz bei den Vorbereitungen der täglichen Auslieferung

Gemütliches Beisammensein nachmittags nach der Arbeit in einer Wohngruppe im Haus Nazareth

Der Caritasverband betreibt zurzeit zwei Altenheime: das Altenzentrum Helenenstift in Hennef und das Haus Elisabeth in Niederkassel. Beide Einrichtungen zeichnen sich durch ein vielfältiges Angebotsprogramm aus und können zum Beispiel auf eine eigene Ergotherapeutische Praxis zurückgreifen. Integrierte bzw. angegliederte Möglichkeiten zum altengerechten Wohnen und die Kurzzeitpflege vervollständigen das Angebot der Heime.

Bereits seit 1978 ist der Caritasverband in der Hilfe und Betreuung für Menschen mit Behinderungen aktiv tätig. Wohnhäuser in Ittenbach, Rhöndorf, Niederkassel und Mondorf bieten insgesamt 80 Behinderten ein Heim. Familienunterstützende Dienste sowie die Kontakt-, Koordinierungs- und Beratungsstelle (KoKoBe) stehen mit ihrer langjährigen Kompetenz den Behinderten mit Rat und Tat zur Seite. Alle Häuser sind in ihre Wohngemeinden hervorragend integriert.

Die Suchtkrankenhilfe bietet seit Jahren professionelle Hilfe bei Suchtproblemen mit Alkohol, Medikamenten, illegalen Drogen, Glücksspiel, Essstörungen und Nikotin an und ist eingebunden in das Versorgungskonzept des Rhein-Sieg-Kreises. Sie deckt in enger Zusammenarbeit mit der Diakonie und dem Rhein-Sieg-Kreis alle Themen der Suchtkrankenhilfe ab.

Weitere wichtige Anlaufstellen wie die Alzheimerberatung und die Krebsberatung, die das Ziel haben, erkrankten Menschen in ihrer häuslichen Umgebung zu helfen, Angehörige zu entlasten und Informationen bereitzustellen, leisten einen wichtigen Beitrag zur Versorgungsstruktur des Rhein-Sieg-Kreises. Der Migrationsdienst bietet allen Menschen mit Migrationshintergrund Hilfe und Betreuung und arbeitet aktiv an deren Integration mit. Außerdem bieten die Beratungsdienste eine Kurberatung und Vermittlung sowie eine Seniorenerholung und offene Altenarbeit an. Die Fachberatung Gemeindecaritas fördert das diakonische Handeln und soziale Engagement in Pfarrgemeinde und Lebensraum und rundet das Angebotsspektrum des Caritasverbandes ab.

In der Ergotherapeutischen Praxis des Helenenstifts werden alltägliche Fähigkeiten wiedererlernt und geübt. Die Auswahl und der Einsatz spezieller Hilfsmittel gehört ebenso zum Aufgabenbereich der Ergotherapie wie gezieltes Hirnleistungstraining.

Auf einen Blick

Gründungsjahr: 1968

Mitarbeiter: rund 650

Leistungsspektrum:

Ambulante Dienste:
- häusliche Kranken- und Altenpflege mit neun Pflegestationen im Kreisgebiet
- Tagespflege
- 24-Stunden-Erreichbarkeit in Notfällen
- Essen auf Rädern
- Hausnotruf
- Mobiler Sozialer Dienst
- Pflegeberatungsbesuche
- Kurse in häuslicher Krankenpflege
- Familienpflegedienst

Beratungsdienste:
- Migrationsdienst
- Caritas-Haus mit stationärem Mittagstisch
- Gemeindecaritas
- Fachdienst Demenz- und Alzheimerberatung
- Krebsberatung
- Kurberatung/ Offene Altenarbeit

Suchtkrankenhilfe:
- Beratung, Behandlung und Nachsorge
- Ambulante Rehabilitation

2 Altenheime
4 Häuser für Menschen mit Behinderungen sowie Familienunterstützende Dienste und die KoKoBe

■

Caritasverband für den Rhein-Sieg-Kreis e. V. Siegburg

Wir über uns: Rheinbacher/Bonner Pflege- und Betreuungsteam GbR

„Ein Herz muss Hände haben." So lautet die Unternehmensphilosophie des Rheinbacher/Bonner Pflege- und Betreuungsteams. Zu den Aufgaben der Mitarbeiterinnen und Mitarbeiter gehören die Unterstützung und Pflege von Menschen in deren häuslicher Umgebung. Dazu zählen zum Beispiel die allgemeine Körperpflege, Ankleiden und Aufräumen von Arbeitsbereichen, die Versorgung mit Medikamenten und deren Verabreichung.

Die Durchführung notwendiger Gutachten für die Pflegeversicherung und die Übernahme von behördlichen Schriftwechseln sind weitere Aufgaben des Unternehmens. Und selbstverständlich hilft das Pflege- und Betreuungsteam auch beim täglichen Spazierengehen oder Arztbesuchen als Begleiter, erledigt die Einkäufe und einige andere Tätigkeiten im Haushalt, die von den Hilfe suchenden Menschen nicht mehr alleine ausgeführt werden können.

Auf einen Blick

Gründungsjahr: 2001

Mitarbeiter: ca. 80 in Vollzeit, Teilzeit und geringfügiger Beschäftigung

Leistungsspektrum:
- Grundpflege
- Behandlungspflege
- Beratung
- Betreuung
- Hauswirtschaftliche Versorgung
- Nachtwachen
- 24-Stunden-Betreuung

■

Rheinbacher/Bonner Pflege- und Betreuungsteam GbR Rheinbach

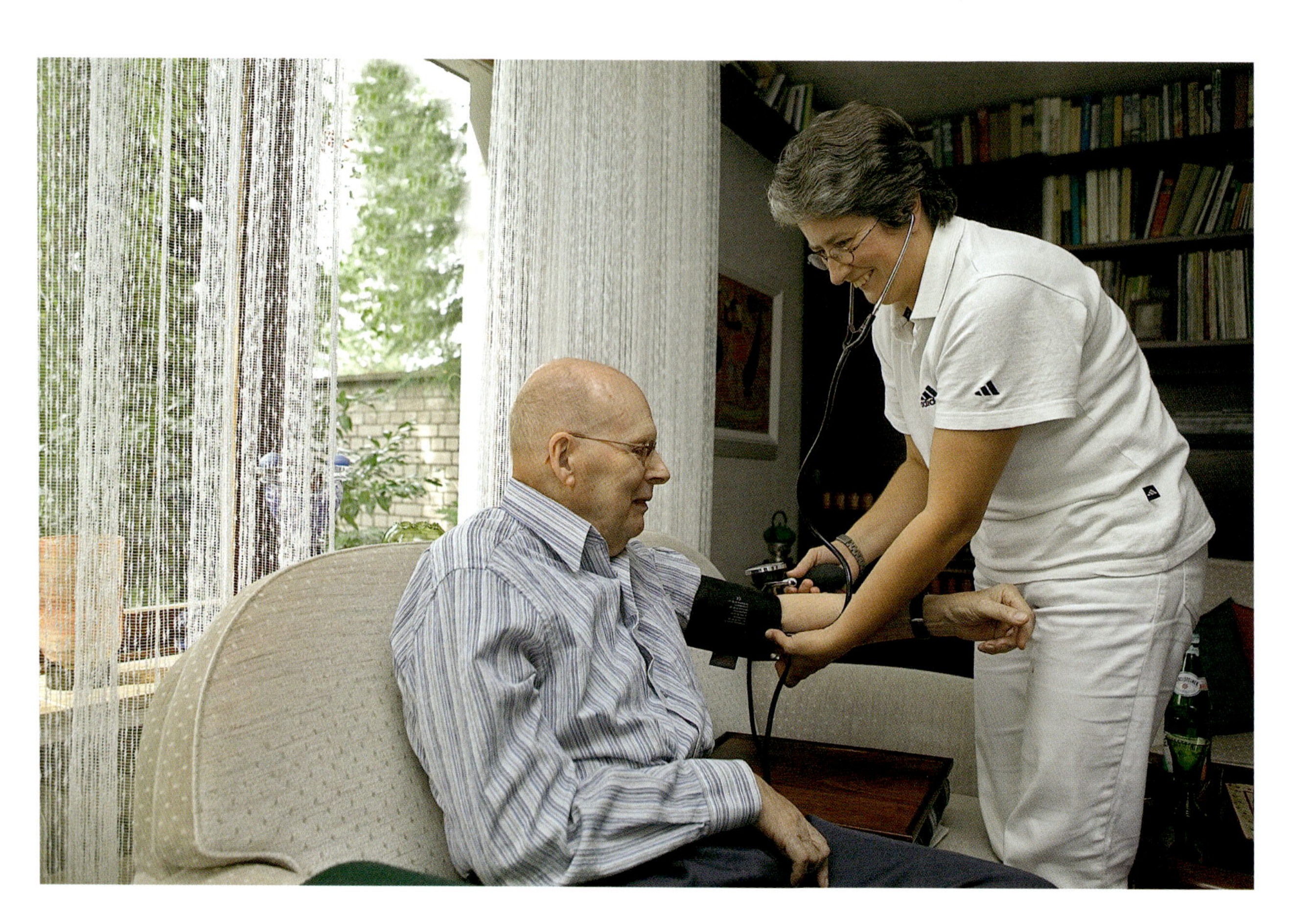

Seniorinnen und Senioren finden im Rhein-Sieg-Kreis ein vielfältiges Angebot für alle Lebenssituationen.

tungen für Behinderte und Pflegebedürftige oder auch Selbsthilfegruppen sollen den Betroffenen und Angehörigen eine aktuelle Hilfestellung bieten.

Für Menschen, die pflegerischer Hilfen bedürfen, stehen im Rhein-Sieg-Kreis 59 stationäre Einrichtungen mit insgesamt 4345 Pflegeplätzen (und 111 Kurzzeitpflegeplätze) zur Verfügung. 53 ambulante Anbieter sorgen für professionelle pflegerische Unterstützung im häuslichen Umfeld.

Für alle, die schnelle Informationen zum Gesamtbereich Pflege wünschen, sei es zum Thema Altenwohnungen, Essen auf Rädern oder Kurzzeitpflege, hat der Rhein-Sieg-Kreis eine Datenbank eingerichtet, die jeder nutzen kann, der einen Internetzugang hat. Unter www.rhein-sieg.pflege.net sind alle Angebote im Zusammenhang mit dem Thema Pflege im Rhein-Sieg-Kreis zu finden. Vielfältige weitergehende Hilfen bietet die Kontakt- und Informationsstelle für Selbsthilfe „KISS", die der Rhein-Sieg-Kreis seit 1991 als Bindeglied zwischen Hilfe Suchenden und Selbsthilfegruppen unterstützt. Die KISS verfügt über ein umfassendes Verzeichnis aller Selbsthilfegruppen im Rhein-Sieg-Kreis, ist Ansprechpartner für Mitglieder der Selbsthilfegruppen und leistet selber Hilfestellung bei der Neugründung von Gruppen.

Selbstverständlich sind die älteren Mitbürgerinnen und Mitbürger, die sich selber aktiv im Gemeinwesen betätigen wollen und können, im Rhein-Sieg-Kreis herzlich willkommen. Die Einbeziehung und Vermittlung ihrer vielfältigen Kenntnisse und Fähigkeiten ist dem Kreis ein besonderes Anliegen.

Schon lange hat sich hier die Überzeugung durchgesetzt, dass eine erfolgreiche Gesellschaft ohne Unterstützung durch ehrenamtliches Engagement nicht möglich ist. In Kenntnis dieser Notwendigkeit, aber auch im Bewusstsein des gesellschaftlichen Wertes hat der Rhein-Sieg-Kreis sich ausdrücklich zur Förderung und Unterstützung privaten ehrenamtlichen Engagements ausgesprochen, u. a. mit dem alle zwei Jahre veranstalteten „Tag des Ehrenamtes", an dem beispielhafte Aktivitäten privaten Engagements der Öffentlichkeit vorgestellt und besonders wertvolle und langjährige Initiativen auch mit einem Preis belohnt werden. ■

Wir über uns: Elisabeth-Hospiz

Das ambulante und stationäre Elisabeth-Hospiz steht in Trägerschaft des „Freundeskreises Elisabeth-Hospiz e. V." und wurde 1990 in Lohmar eröffnet.

Das Hospiz bietet kranken Menschen, bei denen die Lebenserwartung auf wenige Wochen oder Monate begrenzt ist, auf der letzten, schwierigen Wegstrecke einen Schutz- und Lebensraum. Für Kranke, die im Hospiz ihr Leben zum Abschluss bringen, kann dieser Lebensraum und die dort verbrachte Zeit noch einen ganz besonderen Wert gewinnen, denn die persönlichen Wünsche und die Selbstbestimmung des Menschen werden hier so weit wie möglich erfüllt. Sei es bei der Linderung der körperlichen und seelischen Schmerzen, bei der Entscheidung über Art und Umfang der ärztlichen Behandlung oder einfach bei der Erfüllung eines individuellen Wunsches nach einem guten Essen, einem Spaziergang oder einem Besuch bei Angehörigen. All dies kann helfen, Leid und Schmerzen zu lindern und die seelische Verfassung aufzuhellen.

Für diese Menschen bietet das Hospiz 16 Einzelzimmer, in denen sie palliativ-medizinisch behandelt und gepflegt werden. Schwestern, Pfleger und andere Mitarbeiter helfen den kranken Gästen und deren Angehörigen in der Aus-

einandersetzung mit der Krankheit, beim Abschiednehmen und in der Trauer. Das stationäre Hospiz ist eine Stätte, die dem verbleibenden Leben Sinn und Qualität verleiht. Die Kosten für Pflege und Betreuung werden neben einem Eigenanteil größtenteils von den Kranken- und Pflegeversicherungen übernommen.

Schwerkranke Menschen, die in ihrer letzten Lebensphase am liebsten in ihrer vertrauten Wohnung bleiben möchten und können, werden im ambulanten Hospizdienst durch speziell vorbereitete Ehrenamtliche zu Hause betreut und begleitet. Pflegende Angehörige erhalten dadurch Entlastung und Beratung in der Auseinandersetzung mit den täglichen Problemen.

Weitere Angebote des Elisabeth-Hospizes sind die Trauerbegleitung für Angehörige in Gesprächskreisen oder Einzelgesprächen sowie die Bildungs- und Begegnungsstätte Hospiz-Forum, in dem zum Beispiel Ehrenamtliche auf ihre Arbeit vorbereitet werden. Für Kinder, Jugendliche und junge Erwachsene wurde die Jugendinitiative „Neu-Seh-Land" ins Leben gerufen, damit diese die Möglichkeit haben, sich auf verschiedene Weise den Tabuthemen schwere Krankheit, Sterben und Trauer zu nähern und sie als Teil des Lebens zu begreifen.

Außerdem ist das Hospiz anerkannte Stelle für den Zivildienst und das Freiwillige Soziale Jahr.

Auf einen Blick

Gründungsjahr: 1990

Mitarbeiter:
19 examinierte Schwestern und Pfleger sowie Ehrenamtliche, PraktikantInnen, Zivildienstleistende, junge Frauen im Freiwilligen Sozialen Jahr, Sozialpädagogen, Psychologen, Seelsorger

Angebotsspektrum:
- stationäres Hospiz
- ambulantes Hospiz
- Trauerbegleitung
- Hospiz-Forum
- Jugendinitiative „Neu-Seh-Land"

Elisabeth-Hospiz gGmbH
Lohmar

Wir über uns: Haus am Teich Alten- und Pflegeheim Becker

Das Haus am Teich liegt nur ca. zehn Autominuten vom Ortskern Eitorfs entfernt inmitten einer großzügig gestalteten Gartenanlage mit Teich, Terrasse und Ruhezonen.

Die individuellen Bedürfnisse und Interessen der Bewohner stehen im Mittelpunkt aller betreuenden und pflegerischen Aktivitäten des Hauses. Dabei kommt der Einrichtung ihre geringe Größe zugute, sodass persönliche Hinwendung und familiäre Atmosphäre im Haus am Teich keine leeren Worthülsen sind. Im Betreuungskonzept gilt der Grundsatz: so viel Eigenständigkeit wie möglich, so viel Hilfe wie nötig.

Selbstverständlich sind neben der pflegerischen Versorgung rund um die Uhr auch die medizinischen Erfordernisse im Haus am Teich gewährleistet. Dazu gehören regelmäßige Arztbesuche und die medizinische Überwachung und Versorgung mit Medikamenten durch ausgebildete Fachkräfte.

Alle Zimmer sind betont wohnlich möbliert und können auf Wunsch individuell ergänzt werden. Betten und Nasszellen sind alters- und behindertengerecht ausgestattet.

Auf einen Blick

Mitarbeiterinnen und Mitarbeiter: 38

Zimmeranzahl:
19 Doppelzimmer
9 Einzelzimmer

Leistungsspektrum:
- vollstationäre Pflege
- Kurzzeitpflege
- Probewohnen
- moderne Pflegeausstattung
- Notrufsystem
- Telefon an jedem Bett
- Fernsehanschluss im Zimmer
- therapeutische Angebote wie zum Beispiel Gedächtnistraining und Gymnastik
- Friseur
- Fußpflege
- vielfältige Freizeitaktivitäten

Aufnahme auch bei
- Alzheimer
- Altersdemenz
- neurologischen Auffälligkeiten
- Wachkoma

Das Haus am Teich ist zertifiziert durch den TÜV med.

Haus am Teich
Alten- und Pflegeheim Becker
GmbH & Co. KG
Eitorf-Lindscheid

Das Gesundheitsamt – ein multiprofessioneller Partner!

Gisela Giebelmeyer

„Gesundheit ist nicht alles, aber ohne Gesundheit ist alles nichts!" (Arthur Schopenhauer)

Hat die demographische Entwicklung der Bevölkerung im Rhein-Sieg-Kreis Auswirkungen auf die gesundheitliche Versorgung? Wie steht es um die Gesundheit der Kinder und Jugendlichen im Rhein-Sieg-Kreis? Kann unser Trinkwasser ohne Bedenken genossen werden? Gibt es auffällige Infektionserkrankungen im Rhein-Sieg-Kreis? An wen kann ich mich mit meinem gesundheitlichen Problem wenden?

Zur Beantwortung dieser und anderer Fragen analysiert der öffentliche Gesundheitsdienst systematisch die Entwicklungen von Gesundheit und Krankheit und die Faktoren, die sie beeinflussen. Denn nur dadurch kann das Gesundheitsamt seine Aufgabe erfüllen. Diese ist keine geringere als die Gesundheit der Bevölkerung zu schützen und sie zu fördern, Krankheiten vorzubeugen und bei Bedarf deren Ausbreitung zu verhindern.

Dabei fallen den verschiedenen Diensten des Gesundheitsamtes wichtige Aufgaben zu. Ein wesentliches Instrument zur Erfassung von gesundheitlichen Problemen und zur Koordinierung ihrer Bearbeitung ist die Kommunale Gesundheitskonferenz (KGK) für den Rhein-Sieg-Kreis. In der Kommunalen Gesundheitskonferenz arbeiten die verantwortlichen Vertreterinnen und Vertreter der relevanten Kosten- und Leistungsträger des Gesundheits- und Sozialbereiches des Kreises unter der Geschäftsführung des Gesundheitsamtes partnerschaftlich zusammen, um einvernehmliche Lösungskonzepte zu erarbeiten. Der KGK gehören u. a. Vertreter der Ärzte- und Zahnärztekammer, der Apothekerkammer, der Krankenkassen, der Krankenhäuser, der Wohlfahrtsverbände, der Selbsthilfe, der ambulanten und stationären Pflegedienste sowie Mitglieder des Ausschusses für Soziale Angelegenheiten und Soziale Beschäftigungsförderung an.

Im Bereich des Infektionsschutzes und der Umwelthygiene arbeiten die Mitarbeiterinnen und Mitarbeiter des Medizinischen Dienstes u. a. daran, Infektionskrankheiten vorzubeugen, sie frühzeitig zu erkennen und deren Weiterverbreitung zu verhindern.

Durch die Mitarbeiterinnen und Mitarbeiter des Schul- und Jugendärztlichen Dienstes sowie des Zahnärztlichen Dienstes wird der Gesundheitszustand ganzer Jahrgangsgruppen erfasst und ausgewertet. Angesichts der Größe und der Vielfalt des Rhein-Sieg-Kreises ist eine nutzernahe Versorgung naturgemäß schwer und vor allem nicht (immer) kostengünstig zu realisieren.

Hier einige Beispiele aus der Praxis: Im Rhein-Sieg-Kreis ist es gelungen, ein ausdifferenziertes Beratungs- und Hilfeangebot für Suchtkranke zu installieren. Drei Träger bieten an insgesamt neun Standorten im Kreisgebiet nahezu alles an, was für die Betroffenen wichtig und hilfreich ist. Angefangen von der ambulanten Rehabilitation bis hin zum Drogenkonsumraum. Offene Sprechstunden, Kontaktstellen, Betreutes Wohnen, Beratungsstellen, ambulant aufsuchende Dienste, Spritzentausch, Begleitbetreuung von Substituierten, JVA-Arbeit und Prävention sind die wichtigsten Bestandteile dieser Angebote. Erwähnenswert ist der seit Mai

Auf einen Blick

Gründungsjahr:
1858 Hospital der Schwestern vom Heiligen Franziskus; 1880 Übergang in städtisches Eigentum durch Schenkung; 1981 Übergang des Hauses in eine GmbH mit der Stadt Siegburg als alleinige Gesellschafterin; seit 2002 Klinikum Siegburg Rhein-Sieg im Verbund der Wittgensteiner Kliniken AG.

Mitarbeiter: etwa 900

Schwerpunkte:
- Herzzentrum und interventionelle Kardiologie
- Bauch- und Tumor-Zentrum
- Zentrum für Unfall- und Wiederherstellungschirurgie
- Frauenklinik
- Akademisches Lehrkrankenhaus des Universitätsklinikums Bonn

Wir über uns: Klinikum Siegburg Rhein-Sieg GmbH

Das Klinikum Siegburg Rhein-Sieg GmbH ist ein Akut-Haus der Regelversorgung mit medizinisch hoch leistungsfähigen Einrichtungen. Im Herzzentrum werden umfassend Herz-Erkrankungen versorgt, vorwiegend von jungen und älteren Erwachsenen. Weitere Schwerpunkte sind ein Bauch- und Tumor-Zentrum, ein Zentrum für Unfall- und Wiederherstellungschirurgie sowie eine Frauenklinik. Das Krankenhaus bietet ein abgestimmtes Angebot von Fachabteilungen, Belegärzten und Kooperationen im stationären und ambulanten Bereich.

Das Klinikum verfügt über 376 Betten und versorgt an die 17 000 stationäre und schätzungsweise 25 000 ambulante Patienten im Jahr.

Als Anerkennung der hohen medizinischen Leistungsfähigkeit wurde das Klinikum Siegburg Rhein-Sieg im Jahr 2003 zum akademischen Lehrkrankenhaus des Universitätsklinikums Bonn ernannt. Das Haus gehört seit 2002 zur Unternehmensgruppe der Wittgensteiner Kliniken AG (WKA), einer der großen privaten Krankenhaus-Trägergesellschaften in Deutschland. Die Klinikkette ist eine Kerngesellschaft der Fresenius ProServe Gruppe.

Klinikum Siegburg Rhein-Sieg GmbH

Die Rheuma-Liga trifft sich u. a. in den Räumen der Selbsthilfekontaktstelle KISS Rhein-Sieg (v. l.: Regina Schneider, Erich Stockhausen, Heike Trapphoff (KISS), Marita Besler (KISS), Wolfgang Koska)

Auf einen Blick

Rheuma-Liga:
- 1600 Mitglieder
- 10 ehrenamtliche Mitarbeiter
- 115 Gruppen nehmen in 12 Therapieeinrichtungen am Funktionstraining teil

KISS Rhein-Sieg:
- 330 Selbsthilfegruppen
- 1 KISS-Hauptstelle
- 5 KISS-Außenstellen
- 3 Mitarbeiterinnen
- 10 ehrenamtliche Mitarbeiterinnen

Publikationen:
- kisszeit – Hilfe zur Selbsthilfe im RSK
- Selbsthilfegruppen & Initiativen im RSK

■

KISS Kontakt- und Informationsstelle für Selbsthilfe im Rhein-Sieg-Kreis
Sitz in Troisdorf

Wir über uns: Selbsthilfe im Rhein-Sieg-Kreis

Unter dem Dach der Kontakt- und Informationsstelle für Selbsthilfe (kurz: KISS genannt) trifft sich u. a. die Rheuma-Liga mit 1600 Mitgliedern im Kreisgebiet. Landesweit sind es über 50 000 und bundesweit über 250 000 Mitglieder. Neben der Beratung bietet die Rheuma-Liga insbesondere Funktionstraining zur Linderung der Beschwerden und zur Erhaltung der Beweglichkeit der Gelenke an.

Die KISS ist Anlaufstelle für rund 330 Selbsthilfegruppen und für alle an Selbsthilfe interessierten Bürger und Bürgerinnen im Rhein-Sieg-Kreis. Sie hilft bei der Neugründung von Selbsthilfegruppen und arbeitet mit zahlreichen Einrichtungen und Institutionen aus dem Gesundheits- und Sozialbereich zusammen. Die KISS wirbt in der Öffentlichkeit für den Selbsthilfegedanken mit Aktionen und Publikationen.

2004 eröffnete Drogenkonsumraum, bundesweit der erste und bisher einzige in einem Landkreis. Nicht alltäglich ist sicher auch, dass eine Beratungsstelle im Kreisgebiet gemeinsam von zwei Wohlfahrtsverbänden getragen und betrieben wird; zu Gunsten einer wirksameren und wirtschaftlicheren Aufgabenerledigung haben die Träger unter Zurückstellung ihrer primären Verbandinteressen sich zu dieser Form der Zusammenarbeit entschlossen und damit im Sinne der Klienten ein komplexes und fundiertes Beratungsangebot aufgebaut.

Das folgende Beispiel steht für ein gelungenes Projekt im Rahmen der Gesundheitsförderung für Kinder im Rhein-Sieg-Kreis: Nach ihrer Premiere in Berlin gastierte im Herbst 2005 die bundesweit bislang größte Erlebnisausstellung „Unterwegs nach Tutmirgut" erstmalig in Nordrhein-Westfalen im Kreishaus in Siegburg. In drei Monaten machten sich mehrere Tausend Kinder im Alter zwischen 5 und 10 Jahren aus dem gesamten Rhein-Sieg-Kreis und darüber hinaus auf die Reise nach „Tutmirgut-Stadt". Ernährung, Bewegung, Entspannung, die Wahrnehmung des eigenen Körpers und der Umgang mit den Gefühlen bildeten dabei die thematischen Schwerpunkte. Konzipiert und realisiert wurde die interaktive Ausstellung zum Thema „Gesundheit und Kinder" von der Bundeszentrale für gesundheitliche Aufklärung (BZgA) in Kooperation mit dem Labyrinth Kindermuseum Berlin.

In der Gesundheitsagentur der AIDS-Hilfe Rhein-Sieg in Troisdorf finden alle Interessierten und Betroffenen seit 2005 eine Anlaufstelle.

Auf einen Blick

Gründungsjahr: 2005

Mitarbeiter: vier, unterstützt von ehrenamtlichen Helfern

Mitgliedschaft:
- Deutsche AIDS-Hilfe e. V.
- AIDS-Hilfe NRW e. V.
- Der Paritätische Wohlfahrtsverband NRW

■

Die Gesundheitsagentur der AIDS-Hilfe Rhein-Sieg e. V.

Wir über uns: Die Gesundheitsagentur

„Mit uns – Für Ihre Gesundheit!", so lautet das Motto der 2005 neu eröffneten Gesundheitsagentur der AIDS-Hilfe Rhein-Sieg e. V. Zur Gesundheit gehört auch die sexuelle Gesundheit: „Wie lebe ich meine Sexualität, und habe ich ein Bewusstsein für den Schutz meiner Gesundheit?"

Die Gesundheitsagentur steht für einen verantwortungsbewussten Umgang mit Sexualität und setzt sich dafür ein, dass die unterschiedlichen sexuellen Orientierungen gleichberechtigt nebeneinander stehen und Diskriminierung abgebaut wird.

Neben der individuellen und anonymen Beratung bieten die Mitarbeiter auch Präventionsveranstaltungen für schulische und außerschulische Einrichtungen im Rhein-Sieg-Kreis an. Die Gesundheitsagentur ist darüber hinaus eine Entwicklungswerkstatt: Eine zeitgemäße Aufklärungsarbeit muss sich auf die gesellschaftlichen Veränderungen einstellen, damit sie die Menschen erreicht.

Auf einen Blick

Gründungsjahr:
VdAK: 1912
AEV: 1938

Mitarbeiter:
etwa 250 in Siegburg

Versicherte:
rund 23,5 Mio. bundesweit

■

Verband der Angestellten-Krankenkassen e. V. (VdAK)
AEV – Arbeiter-Ersatzkassen-Verband e. V.
Siegburg

Wir über uns: VdAK/AEV

Der VdAK/AEV vertritt auf Bundes- und Landesebene die Interessen der 10 Ersatzkassen, bei denen bundesweit über 23 Millionen Menschen versichert sind.

Der VdAK/AEV hat neben der Verbandsgeschäftsstelle in Siegburg eine Außenstelle in Berlin und in jedem Bundesland eine Landesvertretung sowie in Westfalen-Lippe eine Landesbereichsvertretung.

Abschließend ein Beispiel für die praktische Nutzung vorliegender Daten. Zum Zwecke der Planung, Steuerung und Koordination gesundheitsbezogener Angebote im Kreisgebiet liegen dem Gesundheitsamt umfangreiche Daten über Angebote und Leistungen in den unterschiedlichen Bereichen gesundheitlicher Versorgung vor. Das Gesundheitsamt des Rhein-Sieg-Kreises entwickelte ein Gesundheitsinformationssystem (GISY), mit dessen Hilfe diese Informationen zur gesundheitlichen Versorgung seit dem Sommer 2005 über das Internet Betroffenen und Rat Suchenden zur Verfügung gestellt werden. GISY enthält Angaben zu gesundheitsbezogenen Angeboten im Rhein-Sieg-Kreis oder, wenn Angebote im Kreisgebiet nicht vorgehalten werden, entsprechende Angebote von Einrichtungen der Nachbarstädte oder -kreise.

Dies ist nur ein kleiner Auszug aus den Aufgaben des Gesundheitsamtes – dem multiprofessionellen Partner für die Bürgerinnen und Bürger des Rhein-Sieg-Kreises. ■

Für die Gesundheit seiner Bewohner hält der Rhein-Sieg-Kreis ein umfassendes Angebot vor.

Wir über uns: Hohenhonnef GmbH

„Im Mittelpunkt steht der Mensch", heißt es im Leitbild der Hohenhonnef GmbH. Dabei legen alle Mitarbeiter der Hohenhonnef GmbH größten Wert auf eine von Akzeptanz, Offenheit und Wertschätzung geprägte Beziehung zu den Menschen, mit denen sie täglich umgehen. Vorrangiges Ziel der Arbeit ist es, den Bewohnerinnen und Bewohnern auch langfristig ein Zuhause zu bieten, in dem sie sich wohl fühlen und ein möglichst eigenständiges Leben führen können. Alle Förderungsmaßnahmen der Einrichtung haben einen ganzheitlichen Ansatz. Das Zusammenwirken von Begleitung, Förderung und Pflege findet in einem für den behinderten Menschen überschaubaren Lebensraum statt.

Auf einen Blick

Gründungsjahr: 1979

Angebotsspektrum:
Differenzierte Arbeits-, Beratungs-, Wohn-, Begleitungs-, Pflege-, Freizeit- und Förderangebote für Menschen mit Behinderungen in Bonn und dem Rhein-Sieg-Kreis

Wohnhäuser in:
Bad Honnef
Troisdorf
Sankt Augustin (2 x)
Rheinbach
Rheinbreitbach
Bonn-Beuel
Bonn-Duisdorf

Weitere Angebote:
- Betreutes Wohnen für Menschen mit geistiger und psychischer Behinderung in Bonn und im Rhein-Sieg-Kreis
- Förderbereich Hohenhonnef; Ausstellungen, Kunstaktionen, Kunstwerkstatt für Menschen mit Behinderung
- Fortbildungs- und Freizeitzentrum FFZ Hohenhonnef; Seminare und Fortbildungen für Mitarbeiter aus dem Sozial- und Gesundheitswesen

■

Hohenhonnef GmbH
Gemeinnützige Gesellschaft der Cornelius-Helferich-Stiftung für Menschen mit Behinderung
Bad Honnef

Auf einen Blick

Gründungsjahr: 1885

Mitarbeiter: 120

Leistungsspektrum:
Zentrum für Altersmedizin mit den Schwerpunkten
- geriatrische Akutabteilung
- Rehabilitation und ambulante Therapie
- Service-Wohnen im Paulinenhof
- geplantes Altenpflegeheim

Träger:
Gemeinnützige Gesellschaft der Franziskanerinnen zu Olpe mbH

Krankenhaus Zur Heiligen Familie mit Paulinenhof und geplanter Altenpflegeeinrichtung Bornheim

Wir über uns: Krankenhaus Zur Heiligen Familie

Das Krankenhaus Zur Heiligen Familie in Bornheim-Merten ist ein Zentrum für Altersmedizin. Mit einem speziellen Konzept, das die Besonderheiten des älteren Menschen berücksichtigt, stellt sich das multiprofessionelle Team des Krankenhauses täglich in den Dienst zum Wohl seiner Patienten.

Das Haus bietet mit einer geriatrischen Akutabteilung, einer Abteilung für Rehabilitation und ambulante Therapie sowie ergänzend mit dem Service-Wohnen im Paulinenhof und dem geplanten Altenpflegeheim ein maximales Versorgungsspektrum für ältere Menschen an. Seit 2000 hat sich das Krankenhaus durch diese Fokussierung schrittweise zum Zentrum für Altersmedizin entwickelt.

Als Einrichtung der Gemeinnützigen Gesellschaft der Franziskanerinnen zu Olpe mbH orientiert sich das Krankenhaus Zur Heiligen Familie am Selbstverständnis der Maria-Theresia-Bonzel-Stiftung und deren Ausgestaltung im Trägerleitbild. Aus den Elementen Einstellungen, Team, Kommunikation und Zeitmanagement entwickelte die Klinik 2004 ihr Krankenhausleitbild.

Das Krankenhaus Zur Heiligen Familie präsentiert sich heute als modernes Zentrum für Altersmedizin.

Bewegungsbad mit Gehschule

Entdeckungsreise durch das Siegtal

Birgit Cremers

Ein bisschen stehen sie im Schatten des großen Stromes, die Seitentäler des Rheins. Aber näher betrachtet, erweist es sich durchaus als positiv, ein wenig im Verborgenen zu blühen: Das Siegtal ist ein Paradebeispiel dafür, wie sehr solche Entdeckungsfahrten neugierige Besucher beglücken können. Saftig grüne Siegauen,

Siegaue bei Schladern

Wasserburgen im Tal und eine befestigte Stadt auf dem Felssporn, beschauliche Fachwerkdörfer und lebendige Städte, mittelalterliche Klöster und Kirchen begeistern Naturfreunde und Kunstliebhaber.

Beim Wandern, Radeln oder Bootfahren lässt sich das Siegtal in angemessenem Tempo aufs Angenehmste erkunden.

Erster Punkt flussaufwärts nach der Mündung der Sieg in den Rhein bei Bonn ist die Industriestadt Troisdorf (Erstnennung im Jahr 832). Mit ihren zwölf lebendigen Stadtteilen ist Troisdorf eine moderne und leistungsstarke Kommune und zugleich die einwohnerreichste Stadt im Rhein-Sieg-Kreis. Idyllisch in einer Parkanlage mit Wildgehege und Abenteuerspielplatz liegt zum Beispiel die rote Wasserburg Wissem aus dem 19. Jahrhundert. Hier ist seit dem Jahr 1982 das einzige Bilderbuchmuseum Europas untergebracht. Die Ausstellung präsentiert neben historischer Kinder- und Jugendliteratur von 1498 bis in die Neuzeit auch eine umfangreiche Sammlung von Original-Kinderbuchillustrationen.

Zum Stadtgebiet Troisdorfs gehört auch das beliebte Ausflugsziel Naturschutzgebiet „Wahner Heide". Hier haben sich vielfältige Lebensräume für seltene Pflanzen und Tiere entwickeln können. Rund 700 gefährdete Pflanzen- und Tierarten haben dort ihre Heimat.

Die Kreisstadt Siegburg wird überragt vom Kloster auf dem Michaelsberg. Gegründet im 11. Jahrhundert von Erzbischof Anno II., hat das Kloster durch wechselvolle Zeiten seine spirituelle Bedeutung gewahrt – Einladungen zu Einkehr und Meditation ins Klostergästehaus finden gute Resonanz. Nach der Benediktinerregel „ora et labora" wirken die Brüder auch für den Leib, nicht nur für die Seele. Bekömmliche Kräuterliköre in historischen Gefäßen – zum Beispiel im Bartmannskrug – werden nach traditioneller Rezeptur hergestellt und im Klosterladen angeboten. Der Bartmannskrug wird nach Vorbildern aus dem Mittelalter auch heute noch handgetöpfert. Siegburgs Vergangenheit als ein Zentrum der Töpferkunst lebt alljährlich im Sommer beim Töpfermarkt wieder auf. Ganzjährig gibt das Stadtmuseum einen Überblick über diese goldene Zeit. In dem repräsentativen Gebäude wurde 1854 der Komponist Engelbert Humperdinck geboren. Heute ist

Einmal im Jahr haben Radfahrer und Fußgänger Vorfahrt auf den Straßen des Siegtales.

Siegburg mit seinem täglich stattfindenden Markt, den Passagen und der attraktiven Fußgängerzone eine beliebte Einkaufsstadt.

Am Zusammenfluss von Sieg und Bröl, zwischen Westerwald, Siebengebirge und Bergischem Land, begegnen dem Besucher der Stadt Hennef auf Schritt und Tritt Zeugen der Vergangenheit: spätgotische Baukunst wie die Marien-Wallfahrtskirche in Bödingen, Klöster und Kirchen, Burgen und Herrenhöfe, die Wasserburg, Schloss Allner und idyllische alte Fachwerkhäuser. Zu Hennef – mit seiner Mischung aus moderner Architektur und barocken Hofanlagen – gehört auch die im Jahr 1245 ernannte Titularstadt Stadt Blankenberg. Diese Großburganlage hoch über der Sieg zählt zu den besterhaltenen im Rheinland. Ein Spaziergang durch die Fachwerkgassen, ein Besuch des Turmmuseums und der Kirche St. Katharina sind eine Zeitreise ins Mittelalter.

Eitorf ist ein Ort voller Geschichte und

Töpfermarkt in Siegburg

Siegtalblick auf Windeck

Kultur. Die ehemalige Klosteranlage Schloss Merten oder die Wasserburg Welterode sind beeindruckende Beispiele hierfür. Daneben wird den Besuchern ein breites Spektrum an Musik, Theater, den Kunsttagen und vielem mehr geboten. Ein Muss für Kunstliebhaber ist der Besuch im Atelier und Skulpturenpark Giovanni Vetere in der Alten Zigarrenfabrik.

Die Gemeinde bietet aber auch in sportlicher Hinsicht einiges, so zum Beispiel die Golfanlage Gut Heckenhof oder auch das Ballon-Freundschaftstreffen, an dem alle zwei Jahre bis zu 40 Ballonfahrer teilnehmen, die den Himmel über der Sieg mit bunten Tupfen schmücken.

Alte Mühle in Hennef (Stadt Blankenberg)

Nach Meinung mancher Siegliebhaber ist das Tal am schönsten im waldreichen Windecker Ländchen. Malerisch verstreut entlang gewundener Flussschleifen liegen die mehr als hundert Siedlungen, Gehöfte und Weiler. Vom Heimatmuseum Altwindeck, über die Gedenkstätte „Landjuden an der Sieg" und das Besucherbergwerk Grube Silberhardt bis zur Wasserburg Mauel mit ihrem idyllischen Biergarten gibt es hier zahlreiche Attraktionen für einen Kurzurlaub.

Und noch ein Tipp: An jedem ersten Sonntag im Juli wird das Siegtal auf rund 120 Kilometer für den gesamten Autoverkehr gesperrt. Radfahrer, Inline-Skater und Fußgänger können sich dann bei „Siegtal pur" über einen ungetrübten Fahr- und Laufspaß freuen.

Ganz gleich, welchen Abschnitt des Flusses der Besucher auswählt – Kultur und Erholung lassen sich im Tal der Sieg angenehm kombinieren und halten für jeden etwas bereit. ■

Das romantische Rheintal und das sagenumwobene Siebengebirge

Birgit Cremers

Selten wurde eine Landschaft so ausführlich beschrieben wie das romantische Rheintal. Schon vor mehr als 200 Jahren animierten in- und ausländische Dichter und Künstler Reisende dazu, die Schönheiten dieser Region selbst in Augenschein zu nehmen. So waren es die Gedichte von Lord Byron und Gemälde von William Turner, die in der ersten Hälfte des 19. Jahrhunderts vornehmlich die Briten an den Rhein strömen ließen.

Besaß die Region doch wirklich alles, was die Romantiker an einer Landschaft schätzten: schroffe Felsen und begrünte Kuppen, Rebhänge und Burgruinen, mittelalterliche Kirchen und idyllische Winzerorte. Besonders die an die Vergänglichkeit mahnenden Ruinen hoch über dem Rheintal hatten es ihnen angetan, waren sie doch von Märchen und Sagen umrankt. Der Drachenfels und der Rolandsbogen sind beste Beispiele dafür. Beide sind noch heute beliebte Ausflugsziele, vor allem wegen der traumhaften Aussicht, die sie bieten.

Das dicht bewaldete Siebengebirge wird vom Drachenfels dominiert, wenngleich dieser mit 321 Metern keineswegs die höchste Erhebung dieser Vulkankegellandschaft ist. Und so verweist auch der Name Siebengebirge nicht, wie die meisten glauben, auf die Zahl der Kuppen (derer gibt es mehr als 40), sondern auf den Begriff „Siefen", der soviel wie schluchtartig eingetiefte Täler bedeutet. Die bekanntesten Erhebungen neben dem Drachenfels sind der Petersberg (weltbekannt durch das Grandhotel Petersberg in seiner Funktion als Gästehaus der Bundesregierung), der Lohrberg und der Ölberg sowie die Wolkenburg und die Löwenburg. Heftige Vulkanausbrüche vor etwa 25 Millionen Jahren haben diese charakteristische Landschaftseinheit entstehen lassen. Gewaltige Eruptionen förderten Trachyt-, Latit- und Basalttuffgestein zutage.

Über Jahrhunderte hinweg wurden diese Gesteine hier abgebaut, zunächst für römische Kastelle, dann für mittelalterliche Kirchen und Burgen. So ist der Kölner Dom zum größten Teil aus Trachyt erbaut, die Zisterzienserabtei Heisterbach, deren eindrucksvolle Chorruine – eingebettet in einen englischen Park – ein Lieblingsziel der Romantiker wurde, aus Latit. Bereits 1836 wurde auf Intervention des Preußenherrschers der Drachenfels zum Erhalt der denkwürdigen Ruine auf dem Gipfel vor weiterer wirtschaftlicher Ausbeutung geschützt. In der zweiten Hälfte des 19. Jahrhunderts stoppte man den Abbau des Gesteins, weil man den Wert des Siebengebirges als Erholungsraum erkannte und für kommende Generationen bewahren wollte. Verschönerungsvereine traten in Aktion und legten Wanderwege an. 1883 nahm die älteste Zahnradbahn Deutschlands zwischen Königswinter und Drachenfels ihren Betrieb auf. Am 20. Januar 1923 wurde das Siebengebirge zum ersten deutschen Naturschutzgebiet erklärt. Heute faszinieren im Einklang mit Mischwäldern, Weinbergen und Streuobstwiesen auch die Steinbrüche als ökologische Nischen und interessante geologische Anschauungsobjekte.

Die 2005 eröffnete neue Talstation der Drachenfelsbahn in Königswinter, in der auch die Tourist-Information für das Sieben-

Fortsetzung Seite 154

Wir über uns: Das Gästehaus des Bundes Steigenberger Grandhotel Petersberg

Hoch über dem Rheintal, auf der Kuppe des Petersberges, steht eines der wohl außergewöhnlichsten Hotels in Deutschland. Inmitten des ältesten Naturschutzgebietes, umgeben von den Wäldern des Siebengebirges und doch verkehrsgünstig gelegen: das Grandhotel Petersberg.

Der Bau im Stil der klassischen Moderne fügt sich harmonisch in die reizvolle Landschaft ein. Die Schönheit der Natur, der herrliche Blick über das Rheintal und das besondere Ambiente des Hauses haben schon viele hochrangige Gäste aus aller Welt beeindruckt – unter ihnen Queen Elizabeth II., der japanische Kaiser Akihito mit Kaiserin Michiko, der jordanische König Hussein sowie Präsidenten und Regierungschefs wie zum Beispiel Breschnew, Gorbatschow, Clinton, Mandela, Blair, Li Peng und viele andere namhafte Persönlichkeiten.

Auf einen Blick

Zimmer: 87

Suiten: 12

Gesellschaftsräume: 14

Restaurants: 2

Terrassen: 2

Weitere Ausstattung:
- Fitnessbereich
- Schwimmbad
- Sauna
- Dampfbad

Transvital Swiss
Beauty Center

Medizinisches Institut
Skolamed

Weltweite Beachtung fand das Grandhotel Petersberg als Ort der Balkan-Konferenz und der Afghanistan-Verhandlungen unter Federführung der Vereinten Nationen. Als „das deutsche Camp David" haben internationale Medien das Hotel auf dem Petersberg bei Bonn beschrieben.

Das offizielle Gästehaus des Bundes und Fünf-Sterne-Grandhotel steht auch anderen Gästen offen. Wohnen und tagen wie ein Staatsgast. Die elegante Ausstattung, edles Mobiliar und feine Stoffe setzen Akzente. 14 Konferenzsäle und Veranstaltungsräume bis 500 Personen mit modernster technischer Ausstattung lassen keine Wünsche offen.

Gästehaus
Petersberg GmbH
c/o Steigenberger
Grandhotel Petersberg
Königswinter

Klosterruine Heisterbach

burg auf dem Drachenfels. Einer seiner Nachfolger ließ diese Grenzfestung 1634 bis auf den Bergfried zerstören, von dem heute nur noch die Ruine zu sehen ist. Die Sage erzählt, dass hier der Kampf von Siegfried mit dem Drachen stattgefunden haben soll – und Nibelungen-Experte Karl Simrock machte den Berg damit für romantische Reisende zum Mythos. Auf halber Strecke befindet sich, umgeben von der herrlichen Natur des Siebengebirges, ein Gesamtkunstwerk aus der Gründerzeit: Schloss Drachenburg. In der Vorburg hat das einzige Museum zur Geschichte des Naturschutzes in Deutschland seinen Sitz. Die Drachenburg selbst wird seit Jahren von der Nordrhein-Westfalen-Stiftung Naturschutz, Heimat- und Kulturpflege aufwändig restauriert, doch die Besichtigung der fertig gestellten Gebäudeabschnitte und der Park lohnen auch schon vor der Vollendung des Projektes den Besuch. Der Bonner Gastwirtssohn Stephan Sarter, der als Börsenmakler in Paris zu Reichtum und Adelstitel gelangte, ließ zwischen 1882 und 1884 die-

gebirge eingezogen ist, belegt das ungebrochene Interesse an diesem Meilenstein der Technikgeschichte.

Mit Hilfe der Zahnradtechnik werden auf der 1,5 Kilometer langen Strecke 220 Höhenmeter überwunden. Mehr als 30 Millionen Fahrgäste hat die Drachenfelsbahn bis heute zur Bergstation befördert. Die Aussichtsterrasse bietet wohl eines der schönsten Rheinpanoramen. So kann man bei sonnigem Wetter sogar die Türme des Kölner Doms sehen.

Im Jahr 1140 begann der Kölner Erzbischof Arnold I. mit dem Bau einer Trutz-

Nicht mehr ganz modern, aber doch bequem: Die Zahnradbahn fährt Besucher den Drachenfels hinauf.

ses imposante schlossartige Gebäude errichten, dessen prachtvolle Innenausstattung von Zeitgenossen gerühmt wurde. Er hat es jedoch nie bewohnt. Heute besichtigen Touristen die Wohnkultur der Gründerzeit und bewundern die Wandgemälde, die – wie könnte es in Sichtweite des Drachenfels' anders sein – auch Motive des Nibelungenliedes aufgreifen.

Wer nicht von der Mittelstation hinab nach Königswinter fahren möchte, kann einen idyllischen Spaziergang durch das Nachtigallental in die beliebte Weinstadt am Rhein unternehmen.

Auch abseits vom Drachenfels lohnen sich Wanderungen im Siebengebirge. Rund 200 Kilometer Wanderwege, darunter Teilstrecken des neuen Rheinsteiges (Bonn–Wiesbaden) eröffnen den Wanderern herrliche Ausblicke auf das Rheintal. Lohnenswert ist auch, mit der Fähre ans linksrheinische Ufer überzusetzen und dem Bahnhof Rolandseck einen Besuch abzustatten. Der 1856 eröffnete Bahnhof ist als Relikt des frühen Eisenbahnbaus ein bedeutendes Architekturdenkmal. Als Endpunkt einer von Köln den Rhein entlangführenden Strecke war er mit seinem prächtigen Festsaal Treffpunkt der Prominenz. Auch der deutsche Kaiser, die englische Königin Victoria und Reichskanzler Bismarck weilten in seinen Mauern. Heute beherbergt der Bahnhof Rolandseck neben einem beliebten Restaurant das Arp-Museum, in dem Werke des Künstlerpaares Hans Arp und Sophie Taeuber-Arp eine dauerhafte Heimat finden.

Unten am Strom können Radfahrer auf dem Erlebnisweg Rheinschiene die Region erkunden. Wen Steigungen nicht schrecken, der findet beiderseits des Rheins auch bergige Routen. Nach anstrengenden Touren können Radler die durch das Rheintal fahrenden Regionalzüge für die Rückfahrt zum Ausgangspunkt nutzen.

Das Siebengebirge ist aber nicht nur für sportlich aktive und kulturell interessierte Besucher attraktiv: Es ist auch das einzige Weinanbaugebiet Nordrhein-Westfalens. Zwischen Oberdollendorf und Unkel wachsen an sonnigen Südhängen über dem Rhein auf wärmespeichernden Böden u. a. hervorragende Rieslinge. Der von den Römern an den Rhein gebrachte Weinbau wurde im Mittelalter durch die Heisterbacher Zisterzienser kultiviert. Heute sind es drei Winzerfamilien, deren Weingüter in Königswinter, Oberdollendorf und Rhöndorf mit vielen Auszeichnungen für ihr Engagement in den arbeitsaufwändigen Steillagen belohnt werden. Bei Weinbergspaziergängen und Kellerführungen können Besucher sich von der Qualität der Weißweine überzeugen. Malerische Weinstuben, Straußwirtschaften und Toprestaurants bieten reichlich Gelegenheit zu erkennen, dass man am Rhein versteht zu leben. Genuss wird hier mit Kultur und landschaftlicher Schönheit vereint. Ein Kreuz am Laurentiusberg dokumentiert das sehr treffend: „Herr und Gott, vielen Dank für diese Heimat." ■

Blick vom Ölberg ins Rheintal

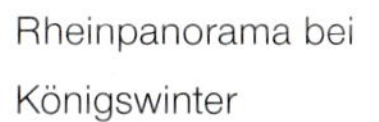

Rheinpanorama bei Königswinter

Feste feiern im Rhein-Sieg-Kreis

Michaela Blatzheim

Im Laufe eines Jahres lädt im Rhein-Sieg-Kreis eine Vielzahl von Veranstaltungen den Besucher zum Feiern ein. Und feiern lässt es sich im Rhein-Sieg-Kreis besonders gut, denn Anlässe dafür gibt es mehr als genug: bei Winzer- und Schützenfesten, Kunst- und Handwerkermärkten und vielen anderen Gelegenheiten, vor allem aber auch beim Karneval: Der alljährlich stattfindende Prinzenempfang im Kreishaus in Siegburg gehört dabei zu den größten Veranstaltungen seiner Art im gesamten Rheinland. Über 80 auswärtige und kreisansässige Tollitäten geben dem Landrat die Ehre und feiern die fünfte Jahreszeit. Neben den großen Dorffesten und zahlreichen lokalen Veranstaltungen sind es vor allem einige über die Grenzen des Kreises hinaus bekannte Feste und Veranstaltungen, die zahlreiche Gäste anlocken.

Den Anfang macht im Frühling eines jeden Jahres „Rhein in Flammen" am Siebengebirge. Auf einem der schönsten Stromabschnitte des romantischen Rheins – zwischen den Städten Linz und Bonn – findet jeweils am ersten Samstag im Mai die Rheinufer-Großbeleuchtung „Rhein in Flammen" statt.

Über 2000 rotleuchtende Bengalfeuer tauchen an diesem Abend zur festlichen Saisoneröffnung die Uferpromenaden und Sehenswürdigkeiten der rheinanliegenden Orte Linz, Erpel, Remagen, Unkel, Rheinbreitbach, Bad Honnef, Königswinter und Bonn in ein stimmungsvolles Licht. Die fluoreszierenden Bengalfeuer weisen dabei einer Flotte von über 60 geflaggten und illuminierten Fahrgastschiffen den Weg stromabwärts. Besondere Höhepunkte dieser Veranstaltung sind die Feuerwerke in Linz, Remagen, Bad Honnef und das große Abschlussfeuerwerk in der Bonner Rheinaue.

Dies ist der Beginn der Sommersaison am romantischen Rhein und alle Orte entlang der Strecke haben sich an diesem Tag ganz besonders auf die zahlreichen Gäste eingestellt und halten attraktive Rahmenprogramme mit Musik, Tanz und rheinischer Fröhlichkeit bereit.

Ein weiterer Höhepunkt im Verlauf des Jahres ist „Siegtal pur – Tag des Fahrrads". Keine vorbeirasenden Autos, keine Abgase und kein Hupen: An jedem ersten Sonntag im Juli gehört das sommerliche Siegtal ganz allein den Radlern, Inline-Skatern und Spaziergängern, denn von 9 bis 19 Uhr gilt die Siegtalstraße von Netphen im Siegerland bis Siegburg auf rund 120 Kilometern als autofreie Zone.

Für die Teilnehmer steht auf der gesamten Strecke ein Pannendienst zur Verfügung, um bei kleinen Unglücken Hilfestellung zu leisten.

Natürlich muss man nicht die ganze Strecke auf dem Rad zurücklegen. Wer unterwegs müde wird, hat an jeder einzelnen Station der Strecke die Möglichkeit, auf die Deutsche Bahn umzusteigen, die an diesem Tag zahlreiche Sonderzüge mit Fahrradabteilen einsetzt.

Nicht nur die landschaftliche Schönheit des Siegtals lässt sich so einmal ganz in Ruhe genießen, auch in den Orten entlang der Strecke laden zahlreiche Straßenfeste und Freizeitangebote zum Verweilen ein.

Rhein in Flammen

dung aus Musik, nostalgischem Jahrmarkt (einer der wenigen in ganz Deutschland) und den von den Stadtwerken Troisdorf veranstalteten Energie-Sommerspielen für Kinder mit ausgefallenen Bewegungs- und Geschicklichkeitsaktionen bieten einen einzigartigen Veranstaltungsrahmen im Rhein-Sieg-Kreis.

Am ersten Wochenende im Juli gibt es daher nicht nur für die Troisdorfer kein Entkommen. Die Kultur und Veranstaltungs GmbH und aktive Mitmacher wie die Stadtverwaltung und die Stadtwerke Troisdorf zeigen, dass die Kultur immer wieder ein Schlüssel zum Erfolg ist und ein attraktives Umfeld für die Bewohner schafft. Gelungene Vielfalt im Herzen des Rhein-Sieg-Kreises. Hier sind Gäste immer willkommen!

Auf einen Blick

Die Feste:
- Kulturmarkt Innenstadt (Mai)
- Burgfest mit den Energiespielen der Stadtwerke Troisdorf, Burg Wissem (Juli)
- Familienfest Innenstadt (September)
- Herbstmarkt Innenstadt (Oktober)
- Nikolausmarkt Innenstadt (Dezember)
- Weihnachtsmarkt Burg Wissem (Dezember)

Wir über uns: Kultur und Veranstaltungen – die Troisdorfer Kulturmacher

Troisdorf, die größte Stadt im Rhein-Sieg-Kreis, zeigt seit Jahren, dass Kultur eine tragende Säule im lebenswerten Umfeld einer Stadt sein kann. Ob Bildhauertreffen oder Fassadenmalwettbewerbe, internationales Straßentheater oder einfach „nur“ Feste: Immer wieder wird im Rahmen von Veranstaltungen der Schwerpunkt auf Kultur gelegt.

Die Kultur und Veranstaltungs GmbH Troisdorf, bekannt als die Troisdorfer Kulturmacher, sorgen mit einem Mix aus Musik, Theater und Kleinkunst immer wieder für erfrischende Akzente bei der Gestaltung von Innenstadtfesten. Immer Open-Air, immer kostenlos und immer themenbezogen bieten die Programmmacher den vielen Besuchern gelungene Veranstaltungen.

Einer der Höhepunkte der jährlich sechs stattfindenden Freiluftveranstaltungen ist das Burgfest. Rund um die Burg Wissem findet ein dreitägiges Festival statt. Die gelungene Verbin-

Kultur und Veranstaltungs GmbH Troisdorf

Kirmes in Much

Neben Public Golfen in Dattenfeld, dem Schlemmersonntag in Eitorf oder Unterhaltungsprogrammen in Hennef lockt Siegburg mit dem bekanntesten Keramikmarkt des Rheinlandes. 150 Töpfermeister aus dem In- und Ausland bieten neben kunstvoll gestaltetem Geschirr, Obstschalen, Tellern und Tassen auch Skulpturen und Dekorationsartikel an.

In der Adventszeit kann man sich dann in Siegburg in eine längst vergessene Zeit zurückversetzen lassen. „Kramer, Zunft und Kurzweiyl" heißt das Spektakel, das den Siegburger Marktplatz mit seinen historischen Baudenkmälern in einen mittelalterlichen Markt zur Weihnachtszeit verwandelt.

Drei Wochen lang – jeweils im Dezember – unterhalten mehr als zehn Dutzend Handwerksleute, Musici und weitgereiste Händler, gekleidet wie die Menschen im späten Mittelalter, zwischen authentisch nachgebauten und nachempfundenen Marktständen die Besucher und bringen ihre Ware „an den Mann". Von 11 bis 20 Uhr gibt es handwerklich Gediegenes und feine exotische Ware. Freunde des Mittelalters speisen und trinken rustikal, lassen sich von den derben Späßen der Gaukler belustigen oder von den Klängen fahrender Spielleute bezaubern. Zur Handwerkszunft zählen u. a. Löffelschnitzer, Riemenschneider, Seiler, Filzer und Zinngießer, die diese längst vergessenen Handwerke vorführen. Auch fertigt ein Schreiber kunstvolle Urkunden – die Schmuckschrift entsteht mit dem Gänsekiel. Spontane Stegreifspiele von Gauklern, Musikanten und wandernden Mönchen machen den Weihnachtsmarkt in Siegburg zu einem einzigartigen Erlebnis für Kinder und Erwachsene. ■

Mittelalterlicher Markt in Siegburg

Aktive Erholung für Jung und Alt – vielfältige Sportangebote

Irma Gillert

So abwechslungsreich wie die Landschaft, so vielschichtig sind auch die Sport- und Freizeitmöglichkeiten im Rhein-Sieg-Kreis.

Hier, wo in 19 Städten und Gemeinden knapp 600 000 Menschen leben, sind rund 600 Sportvereine aus den verschiedensten sportlichen Bereichen ansässig. Für jeden Geschmack, jedes Interessengebiet und jedes Temperament bieten die Sportvereine den Bürgerinnen und Bürgern ein passendes Angebot.

Die Vereine berücksichtigen in ihren Programmen alle Alters- und Leistungsstufen. Das Programm reicht vom Mutter-Kind-Turnen bis zur Seniorengymnastik und Angeboten im Rehabilitationssport. Aber auch der Leistungssport hat im Rhein-Sieg-Kreis einen hohen Stellenwert, wie zum Beispiel in den Sportarten Leichtathletik, Rudern, Kanu, Judo und Boxen.

Zunehmend sind die Vereine in dem Gesundheitsbereich „Prävention" tätig und bieten den Bürgerinnen und Bürgern Kurse zur Wirbelsäulenschonung, Ausdauerverbesserung und Stressbewältigung an.

Von den Vereinen werden natürlich neben den klassischen Sportarten wie Basketball, Fußball, Handball, Gymnastik und Turnen auch moderne Fitnessbereiche angeboten.

Einen besonderen Schwerpunkt bilden die Möglichkeiten für Radfahrer, ihren Sport individuell auszuüben. Das Angebot an Radwegen ist sehr vielfältig und bietet für jeden etwas, von Familien mit Kindern bis zu Rennradlern und Mountainbikern. So bietet zum Beispiel die „Sieg-Freizeitstraße" den Radfahrern viele Sehenswürdigkeiten und Erlebnisse entlang der Sieg an. Ein beson-

Ballontage in Eitorf

Seifenkistenrennen in Siegburg

Rudern auf der Sieg

Die Golfanlage Römerhof bietet auf rund 100 Hektar ein faszinierendes Sporterlebnis in erholsamer Umgebung.

Wir über uns: Golfanlage Römerhof

Auf halber Strecke zwischen Köln und Bonn im Naherholungsgebiet Kottenforst-Ville liegt die Golfanlage Römerhof – eine Freizeitoase, die für Freunde des grünen Sports keine Wünsche offen lässt: 100 Hektar ruhiges Golfparadies inmitten von Feld, Wald und Obstbaumwiesen.

Das Angebot umfasst den Golfsport in ganzer Breite. Für Anfänger steht ein öffentlicher 9-Löcher-Platz mit vielen Übungsmöglichkeiten zur Verfügung; den Handicap-Spieler erwartet ein anspruchsvoller 18-Löcher-Platz eingefügt in die herrliche Weite einer unverfälschten Naherholungslandschaft.

Auf einen Blick

Gründungsjahr: 1996

Angebotsspektrum:

- 18-Löcher-Platz
- 9-Löcher-Platz (öffentlich)
- Driving Range
- Golfschule
- Indoorhalle
- Clubhaus mit Bistro

Golfanlage Römerhof GmbH, Bornheim

deres Event des Jahres ist die autofreie Fahrradveranstaltung „Siegtal pur", die weit über die Grenzen des Rhein-Sieg-Kreises bekannt ist.

Entspannung und Erholung bietet die waldreiche Landschaft bei ausgiebigen Wandertouren. Lohnenswerte Wanderstrecken im Rhein-Sieg-Kreis gibt es viele. Ob auf dem Sieghöhenweg, der über 100 Kilometer durch reizvolle Landschaften führt, oder im Naturpark Siebengebirge, wo auf 200 ausgezeichneten Wanderwegen nicht nur die Wanderer, sondern auch Läufer, Walker und Nordic Walker auf ihre Kosten kommen.

Einen ausreichenden Wasserstand vorausgesetzt, locken die Flüsse Sieg und Bröl, die sich noch viel von ihrer Ursprünglichkeit erhalten haben, zum Rudern und Kanufahren ein, wobei jedoch auf Einschränkungen durch Schutzverordnungen hingewiesen sein soll. Aber auch ausgefallene Sportangebote wie Segelfliegen auf dem Flugplatz in Hangelar, Drachenfliegen in Ruppichteroth und natürlich Golfen in einem der Golfvereine in Bornheim, Eitorf, Hennef, Lohmar, Much, Niederkassel, Sankt Augustin oder Swisttal finden sich im Rhein-Sieg-Kreis.

Nähere Informationen zu allen Sportangeboten können beim KreisSportBund Rhein-Sieg angefordert werden (E-mail: ksb.rhein-sieg@t-online.de) bzw. über den Internetauftritt des KreisSportBundes unter www.ksb-rhein-sieg.de abgerufen werden. ■

Der sportlichen Vielfalt sind im Kreis fast keine Grenzen gesetzt.

Bildnachweis

Verzeichnis der PR-Bildbeiträge

Die nachstehenden Firmen, Verwaltungen und Verbände haben mit ihren Public-Relations-Beiträgen das Zustandekommen dieses Buches in dankenswerter Weise gefördert.

ACT IT-Consulting & Services AG, Niederkassel 86
www.act-online.de / info@act-online.de

AEV – Arbeiter-Ersatzkassen-Verband e. V., Siegburg 144
www.vdak.de / kontakt@vdak-aev.de

Alanus Staatlich anerkannte Hochschule für Kunst und Gesellschaft, Alfter 120
www.alanus.edu / info@alanus.edu

ALCAR DEUTSCHLAND GmbH, Niederlassung Siegburg 95
www.alcar.de / info@alcar.de

ASKLEPIOS KLINIK, SANKT AUGUSTIN 127
www.asklepios.com
sekretariat.sanktaugustin@asklepios.com

BwFuhrparkService GmbH, Troisdorf 100
www.bwfuhrpark.de / info@bwfuhrpark.de

Caritasverband für den Rhein-Sieg-Kreis e. V., Siegburg 134, 135
www.caritas-rheinsieg.de / info@caritas-rheinsieg.de

Centralmarkt Roisdorf • Straelen GmbH & Co. KG, Bornheim 67
www.centralmarkt.de / info@centralmarkt.de

Degussa AG, Werk Lülsdorf, Niederkassel 50
www.degussa.de / info@degussa.com

EATON Fluid Connectors GmbH, Lohmar 49
www.eaton-wal.com / efcinfo@eaton.com

Edelobst Brennerei Brauweiler, Meckenheim-Altendorf 110
www.brennerei-brauweiler.de
info@brennerei-brauweiler.de

Elisabeth-Hospiz gGmbH, Lohmar 138, 139
www.elisabeth-hospiz.de / info@elisabeth-hospiz.de

Emitec Gesellschaft für Emissionstechnologie mbH, Lohmar 51
www.emitec.de / info@emitec.de

ETEC Gesellschaft für Technische Keramik mbH, Lohmar 46, 47
www.etec-ceramics.com / info@etec-ceramics.de

EuroMEC Import- und Exportgesellschaft mbH, Lohmar 53
euromec@t-online.de

Evangelisches Altenzentrum Haus am Römerkanal, Rheinbach 133
www.rg-diakonie.de / roemerkanal@rg-diakonie.de

Flughafen Köln/Bonn GmbH, Köln 105
www.koeln-bonn-airport.de
info@koeln-bonn-airport.de

Flugplatzgesellschaft Hangelar mbH, Sankt Augustin 26
www.flugplatz-hangelar.de
flugplatz.hangelar@edkb.de

Forschungsgesellschaft für Angewandte Naturwissenschaften e. V. (FGAN), Wachtberg-Werthhoven 124
www.fgan.de / dornhaus@fgan.de

Gästehaus Petersberg GmbH c/o Steigenberger Grandhotel Petersberg, Königswinter 152, 153
www.gaestehaus-petersberg.de
info@petersberg-steigenberger.de

Gemeinde Alfter 9
www.alfter.de / rathaus@alfter.de

Gemeinde Much 17
www.much.de / info@much.de

Gemeinde Neunkirchen-Seelscheid 20, 21
www.neunkirchen-seelscheid.de
gemeinde@neunkirchen-seelscheid.de

Gemeinde Wachtberg 30
www.wachtberg.de / zentrale@wachtberg.de

Gemeinnützige Wohnungsbaugesellschaft für den Rhein-Sieg-Kreis mbH, Sankt Augustin 80
www.gwg-rhein-sieg.de / gwg@gwg-rhein-sieg.de

Gesundheitsagentur der AIDS-Hilfe Rhein-Sieg e. V., Troisdorf 144
www.gesundheitsagentur.net
info@aids-hilfe-rhein-sieg.de

Golfanlage Römerhof GmbH, Bornheim 162
www.golfanlage-roemerhof.de
golfanlage-roemerhof@t-online.de

Grafschafter Krautfabrik Josef Schmitz KG, Meckenheim 66
www.grafschafter.de / krautfabrik@grafschafter.de

Gymnasium Schloss Hagerhof, Bad Honnef 10
www.hagerhof.de / info@hagerhof.de

Hagen Stiftung, Dr. Reinold, Bonn 117
www.hagen-stiftung.de / stiftung@hagen-stiftung.de

Hauptverband der gewerblichen Berufsgenossenschaften, Sankt Augustin 87
www.hvbg.de / info@hvbg.de

Haus am Teich Alten- und Pflegeheim Becker GmbH & Co. KG, Eitorf-Lindscheid 140
www.haus-am-teich.de / info@haus-am-teich.de

Haus Rheinfrieden Rhöndorf, Bad Honnef 129
www.haus-rheinfrieden.de
info@haus-rheinfrieden.de

Hohenhonnef GmbH, Gemeinnützige Gesellschaft der Cornelius-Helferich-Stiftung für Menschen mit Behinderung, Bad Honnef 146
www.hohenhonnef.de / info@hohenhonnef.de

Jass Baubedarf GmbH & Co. KG, Königswinter 68
www.jass-baubedarf.de / kontakt@jass-baubedarf.de

KISS Kontakt- und Informationsstelle für Selbsthilfe im Rhein-Sieg-Kreis, Troisdorf 143
www.selbsthilfenetz.de
kiss-rhein-sieg@paritaet-nrw.org

Klinikum Siegburg Rhein-Sieg-GmbH, Siegburg 142
www.klinikum-siegburg.de / info@klinikum-siegburg.de

Krankenhaus Zur Heiligen Familie, Bornheim 147
www.kh-bornheim-merten.de
beringer@kh-bornheim-merten.de

Kreissparkasse Köln 90, 91
www.ksk-koeln.de / info@ksk-koeln.de

Krewel Meuselbach GmbH, Eitorf 59
www.krewel-meuselbach.de
info@krewel-meuselbach.de

Kultur und Veranstaltungs GmbH, Troisdorf .. 158
www.kuve-troisdorf.de / info@kuve-troisdorf.de

LerNet Bonn/Rhein-Sieg e. V., Bonn 116
www.lernet.de / lernet@bonn.ihk.de

Maschinenbau Kitz GmbH, Troisdorf 64, 65
www.maschinenbau-kitz.de
mk-marketing@maschinenbau-kitz.de

MÜLLER KUNSTSTOFF GMBH, JOH., Hennef 69
www.kunststoff-mueller.de / info@kunststoff-mueller.de

Orica Germany GmbH, Troisdorf 58
www.orica.com / www.orica-germany.de

Pitz & Partner Immobiliengesellschaft mbH, Siegburg 81
www.pitzundpartner.de / info@pitzundpartner.de

Planungsbüro Ginster und Steinheuer GbR, Meckenheim 85
www.ginster-steinheuer.de / info@ginster-steinheuer.de

pro consens, Niederkassel 23
www.pro-consens.de / info@pro-consens.de

Projektmanagement GmbH, Troisdorf 56, 57
www.troisdorf.de / pressestelle@troisdorf.de

REGIONALGAS EUSKIRCHEN GMBH & CO. KG 73
www.regionalgas.de / info@regionalgas.de

REMONDIS GmbH Rheinland, Köln 48
www.remondis.de / rheinland@remondis.de

Rheinbacher/Bonner Pflege- und Betreuungsteam GbR, Rheinbach 136
www.rheinbacher-pflege.de
rheinbacher-pflege@proximedia.de

RheinEnergie AG, Köln 75
www.rheinenergie.com / service@rheinenergie.com

Rhein-Sieg-Abfallwirtschaftsgesellschaft mbH (RSAG), Siegburg 82, 83
www.rsag.de / info@rsag.de

Rhein-Sieg-Verkehrsgesellschaft mbH, Troisdorf 96, 97
www.rsvg.de / info@rsvg.de

rhenag Rheinische Energie AG, Siegburg 76, 77
www.rhenag.de / siegburg@rhenag.de

RHI Refractories Didier-Werke AG, Königswinter 52
www.rhi-ag.com / rhi@rhi-ag.com

RVK Regionalverkehr Köln GmbH 102, 103
www.rvk.de / rvk-office@rvk.de

seg Niederkassel Stadtentwicklungsgesellschaft mbH, Niederkassel 22
www.seg-niederkassel.de / seg@niederkassel.de

SGP Architekten + Stadtplaner Meckenheim/Bonn/Hannover 84
www.sgp-architekten.de / info@sgp-architekten.de

SKM – Katholischer Verein für Soziale Dienste im Rhein-Sieg-Kreis e. V., Siegburg 130
www.skm-rhein-sieg.de / skm@skm-rhein-sieg.de

Sozialdienst katholischer Frauen für den Rhein-Sieg-Kreis e. V., Siegburg 131
www.skf-rhein-sieg.de / info@skf-rhein-sieg.de

St.-Theresien-Gymnasium, Ruppichteroth 25
www.st-theresia-gym.de / info@st-theresia-gym.de

Stadt Hennef 13
www.hennef.de / info@hennef.de

Stadt Niederkassel 22
www.niederkassel.de

Starck & Co., Dr., Siegburg 71
www.dr-starck.de / dr-starck@dr-starck.de

SWB GmbH, Bonn 78, 79
www.stadtwerke-bonn.de / info@stadtwerke-bonn.de

United Parcel Service Deutschland Inc. & Co. OHG, Köln 104
www.ups.com

Verband der Angestellten-Krankenkassen e. V. (VdAK), Siegburg 144
www.vdak.de / kontakt@vdak-aev.de

Verein der Benediktinerabtei Michaelsberg, Siegburg 40, 41
www.abtei-michaelsberg.de
abtei.michaelsberg@t-online.de

Verkehrsverbund Rhein-Sieg GmbH, Köln 98, 99
www.vrsinfo.de / info@vrsinfo.de

VR-Bank Rhein-Sieg eG, Siegburg 93
www.vrbankrheinsieg.de / siegburg@vr-bank.de

Wahnbachtalsperrenverband, Siegburg 54, 55
www.wahnbach.de / info@wahnbach.de

Weingarten Bedachungen GmbH, Lohmar 108
www.weingarten-bedachungen.de
weingarten@t-online.de

Wendt GmbH, Dipl.-Ing. Günter, Windeck 63
www.g-wendt.de / info@g-wendt.de

Wirtschaftsförderungs- und Entwicklungs-GmbH Alfter 9
www.wfg-alfter.de / info@wfg-alfter.de

WMV Apparatebau GmbH, Windeck 70
www.wmv.com / info@wmv.com

ZP Zacharias Planungsgruppe, Sankt Augustin 18
www.zacharias-planungsgruppe.de
info@zacharias-planungsgruppe.de

Bildquellen

Archiv: S. 10, 25 o., 51, 52, 53, 54, 55, 57, 58, 59, 63, 64 o., 65 o., 66, 71, 73, 75, 77, 78, 79, 80, 81 u., 84, 87 o., 90, 98/99, 100, 104 u., 116, 120, 124, 127, 142, 146, 152, 153, 158 u.

Roland Schiffler, Bremen: S. 9, 13, 18, 20, 21, 22, 23 o., 30, 40, 41, 46, 47, 48, 49, 56, 64 u., 65 u., 67, 68, 69, 76, 81 o., 85, 86, 89, 91, 92, 93, 95, 96, 97, 102, 103, 108, 110, 117, 130, 131, 133, 134, 135, 136, 138, 139, 140, 144.

Art Images: S. 106, 107; Rolf Beyer, Rhein-Sieg-Kreis: S. 61; Deutsche Luftbild-Produktion GmbH: S. 104 o.; Ernser, Köln Bonn Airport: S. 105; Katja Eschmann, Rhein-Sieg-Kreis: S. 33 u.; Kai Funck, Köln: S. 87 u.; Gemeinde Much: S. 17; Helicolor Luftbild, Sankt Augustin: S. 26; Ralph Hinterkeuser, Berlin: S. 70, 129, 143, 147, 162; Internationale Fachhochschule für Tourismus, Bad Honnef: Titel (1), S. 119 u., 121; Kreisbauernschaft Siegburg: S. 111, 112; Lahm, Sankt Augustin: S. 137; Gerd Linnartz, Niederkassel: S. 50; MEV Verlag GmbH, Augsburg: S. 145; Rhein-Sieg-Kreis: Titel (6), S. 6, 7, 8, 11, 12, 14, 15, 16, 19, 23 u., 24, 27, 28, 29, 31, 33 o., 35, 39, 42, 43, 44, 94, 101, 113, 115, 119 o., 123, 126, 132, 148, 149, 150, 154, 155, 157, 159, 160, 161, 163; RSAG/Presse- und Öffentlichkeitsarbeit, Siegburg: S. 82, 83; Udo Schumpe, Troisdorf: S. 158 o.; Siegwerk Druckfarben AG, Siegburg: S. 72; Stadt Siegburg: S. 36; Wolfgang Steimel, Ruppichteroth: S. 25 u.; Wirtschaftsförderungs- und Entwicklungsgesellschaft der Stadt Rheinbach mbH (wfeg): S. 125; Reinhard Zado, Niederhofen: S. 34, 37.